Piano / Vocal / Guitar

MAREN MORRIS
SHEET MUSIC COLLECTION

Cover Photo by Matt Winkelmeyer/Getty Images

ISBN 978-1-5400-6886-6

Visit Hal Leonard Online at
www.halleonard.com

Contact us:
Hal Leonard
7777 West Bluemound Road
Milwaukee, WI 53213
Email: info@halleonard.com

In Europe, contact:
Hal Leonard Europe Limited
42 Wigmore Street
Marylebone, London, W1U 2RN
Email: info@halleonardeurope.com

In Australia, contact:
Hal Leonard Australia Pty. Ltd.
4 Lentara Court
Cheltenham, Victoria, 3192 Australia
Email: info@halleonard.com.au

ALL MY FAVORITE PEOPLE

Words and Music by RYAN HURD,
MIKEY REEVES and MAREN MORRIS

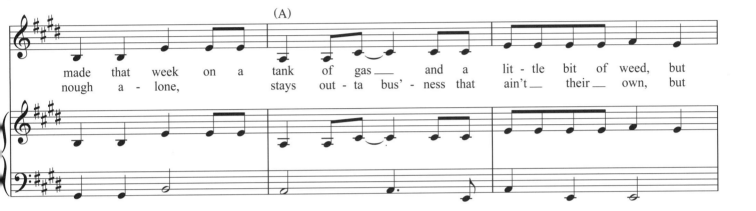

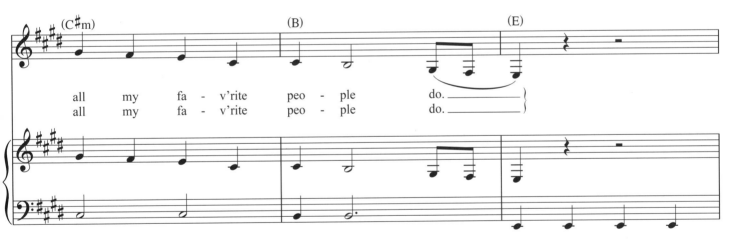

what it is ___ and we love who we love. Not ev-'ry-bod-y gets what we're

go - in' through, but all ___ my fa - v'rite peo - ple do. Yeah, all ___

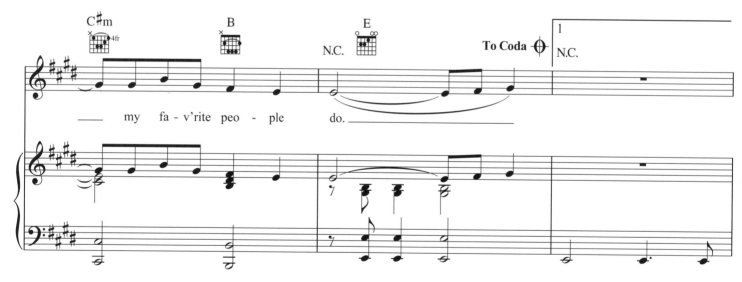

___ my fa - v'rite peo - ple do. ___

Not

All ____ my fa - v'rite peo - ple,

all ____ my fa - v'rite peo - ple,   all ___

my fa-v'rite peo - ple, _____ yeah _____ they do. _____

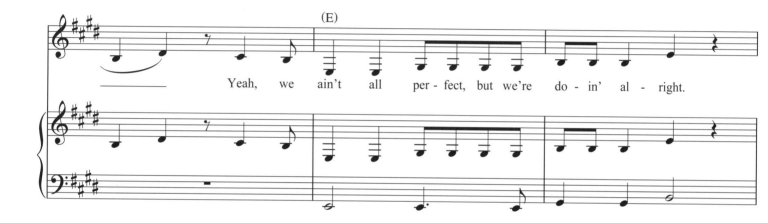

(E)

Yeah, we ain't all per - fect, but we're do - in' al - right.

(A) (C#m)

Ev - 'ry - bod - y's wor - ried 'bout tryin' to get by, but all my fa - v'rite

(B) (E) **D.S. al Coda**

peo - ple do. _____ Well, _ I don't

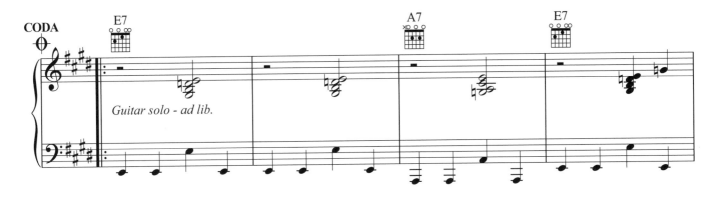

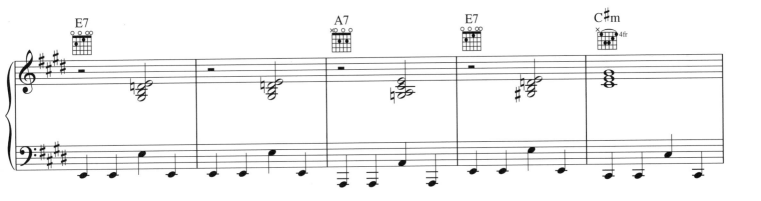

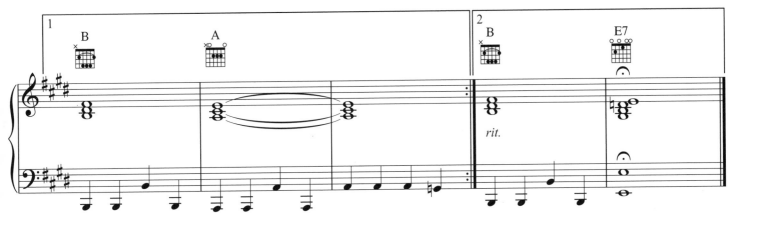

THE BONES

Words and Music by MAREN MORRIS,
JIMMY ROBBINS and LAURA VELTZ

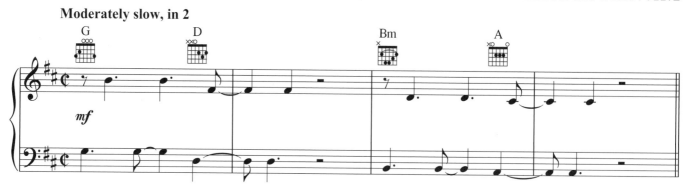

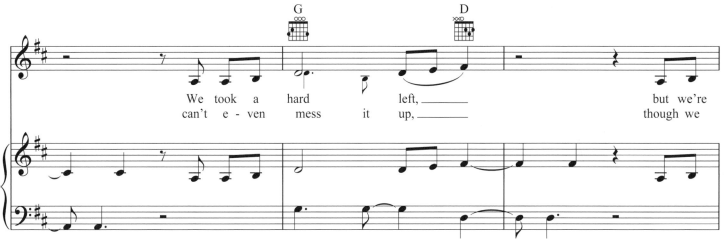

We took a hard left, _____ but we're
can't e - ven mess it up, _____ though we

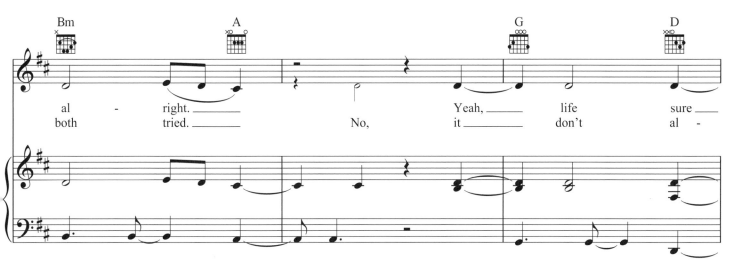

al - right. _____ Yeah, _____ life sure _____
both tried. _____ No, it _____ don't al -

_____ can try to the put _____ love through it, but _____
- ways go the way _____ we planned it, but the

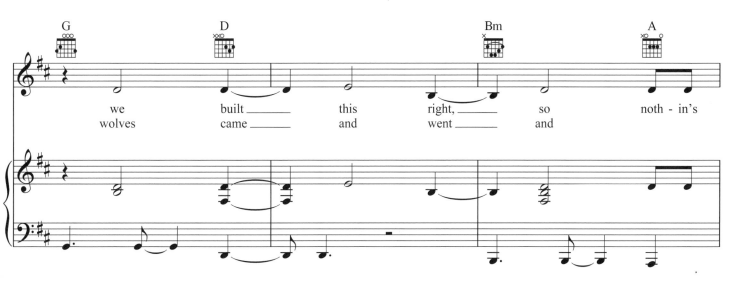

we built _____ this right, _____ so noth - in's
wolves came _____ and went _____ and

ev - er gon - na move it.
we're _ still _ stand - in'.
When the bones are good, the rest don't mat - ter. Yeah, the

paint could peel, the glass could shat - ter. Let it rain, _____

_____ 'cause you and I re - main the same. _____ When there

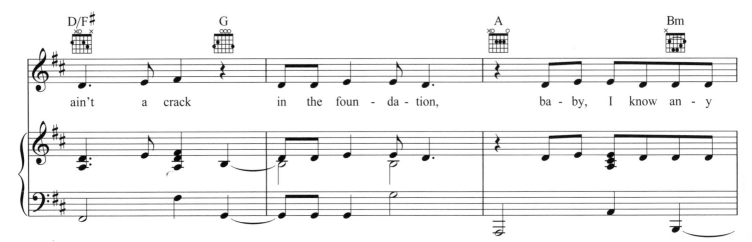

ain't a crack in the foun - da - tion, ba - by, I know an - y

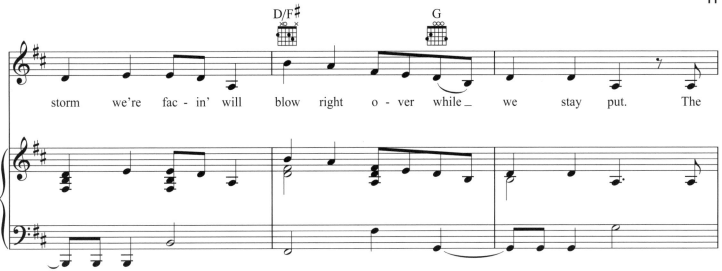

storm we're fac - in' will blow right o - ver while _ we stay put. The

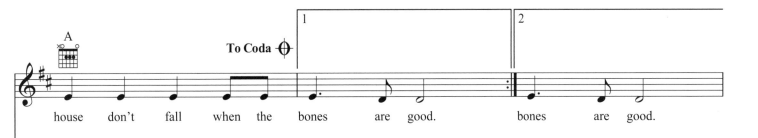

house don't fall when the bones are good. bones are good.

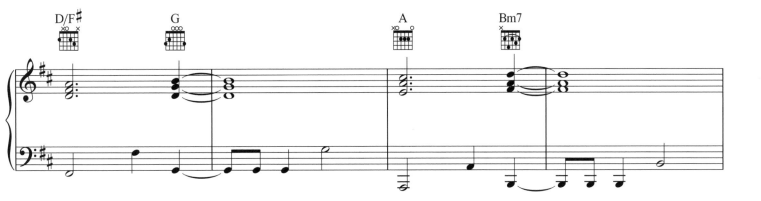

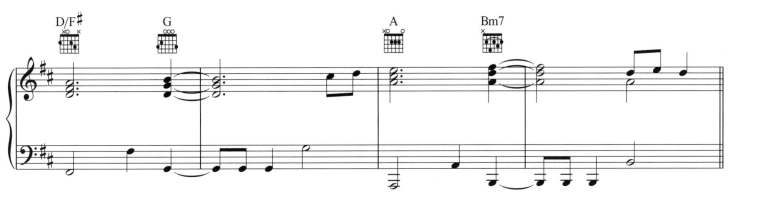

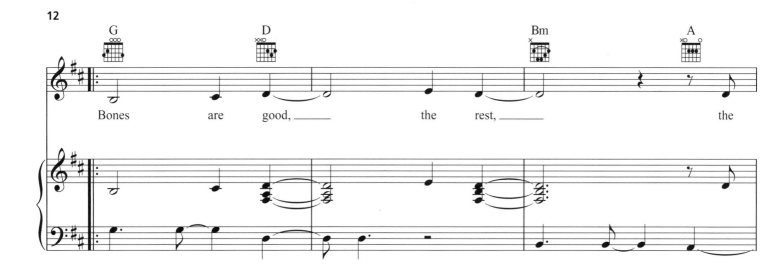

Bones are good, _____ the rest, _____ the

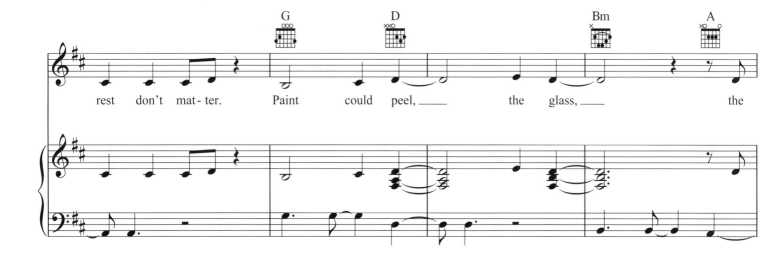

rest don't mat - ter. Paint could peel, _____ the glass, _____ the

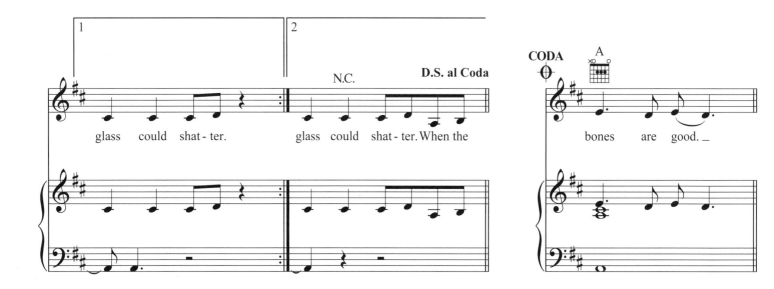

1
glass could shat - ter.

2
N.C. **D.S. al Coda**
glass could shat - ter. When the

CODA
bones are good. _

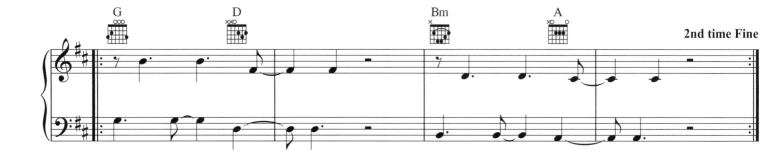

2nd time Fine

CRAVING YOU

Words and Music by DAVE BARNES
and JULIAN BUNETTA

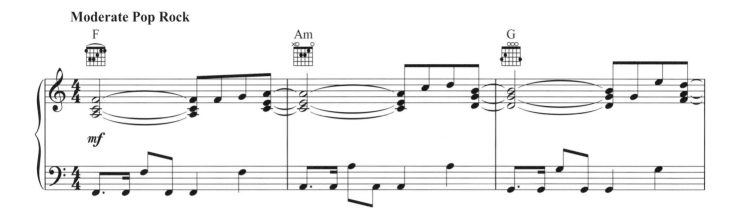

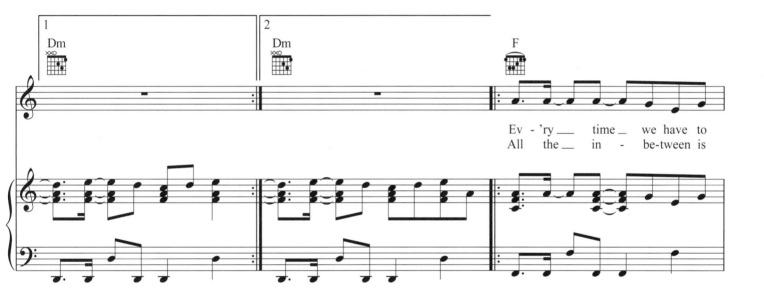

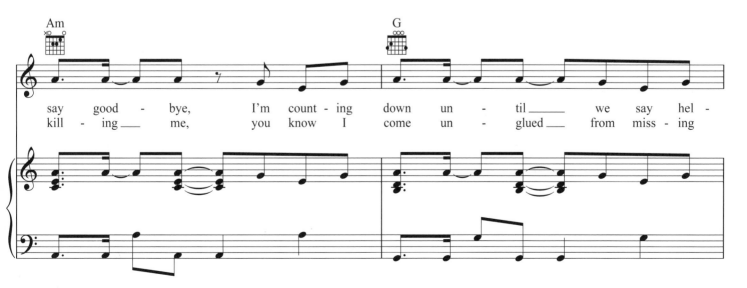

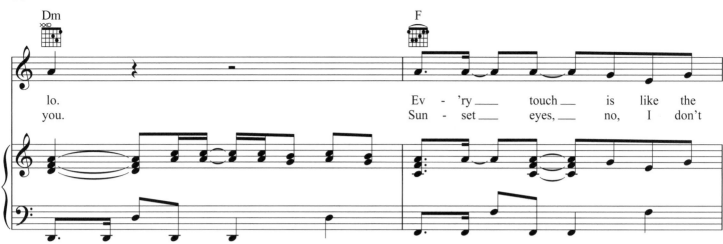

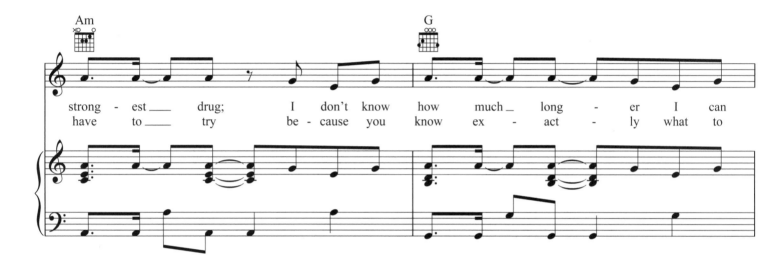

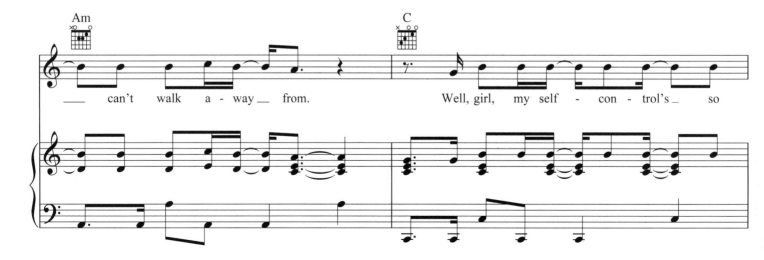

par - a - lyzed. _____ When it comes _ to you, _ no, I _____

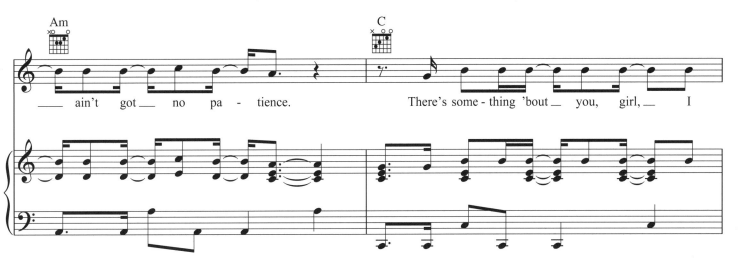

_____ ain't got _ no pa - tience. There's some - thing 'bout _ you, girl, _ I

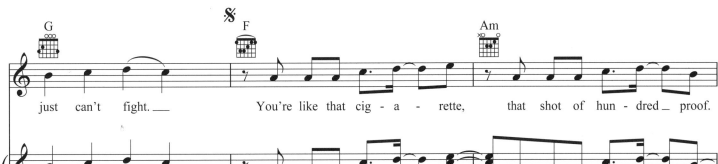

just can't fight. _____ You're like that cig - a - rette, that shot of hun - dred _ proof.

No mat - ter how much I _____ get, I'm al - ways crav - ing _____ that feel - ing when we _ kiss,

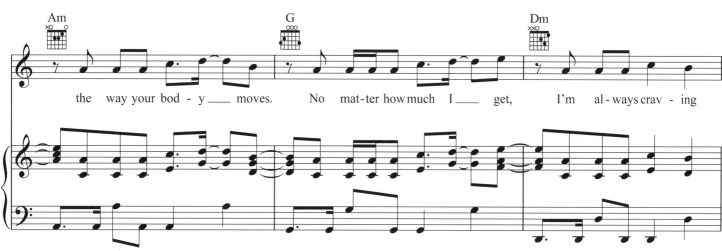

the way your bod - y ___ moves. No mat-ter how much I ___ get, I'm al-ways crav-ing

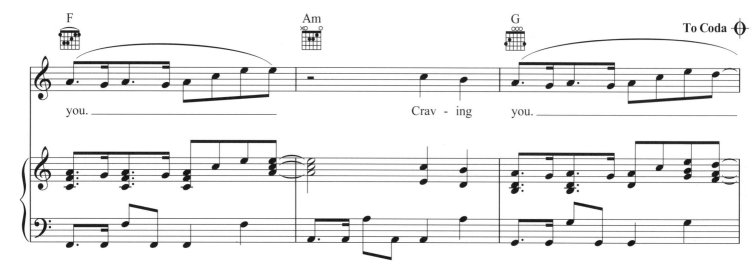

you. ___ Crav - ing you.

To Coda ⊕

Crav - ing you. ___

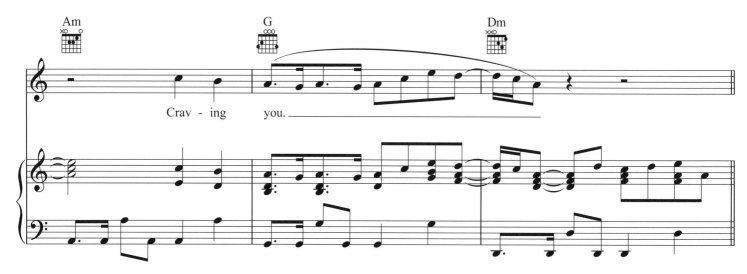

Crav - ing you. ___

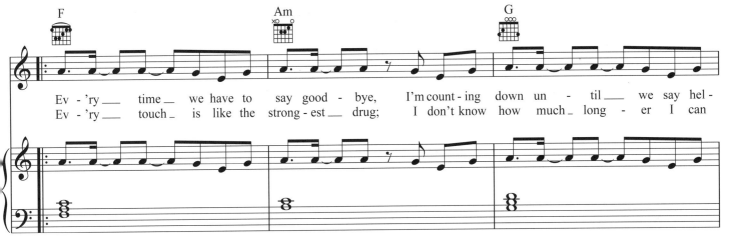

Ev - 'ry __ time __ we have to say good - bye, I'm count - ing down un - til __ we say hel -
Ev - 'ry __ touch __ is like the strong - est __ drug; I don't know how much __ long - er I can

D.S. al Coda

lo.　　　　　go.　　　Yeah! _____

CODA

Crav - ing you. _____ Crav - ing

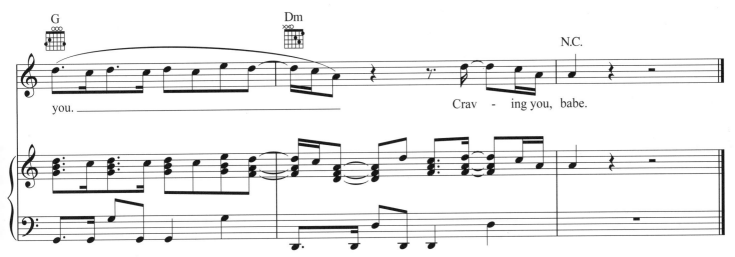

you. _____ Crav - ing you, babe.

COMMON

Words and Music by MAREN MORRIS,
SARAH AARONS and GREG KURSTIN

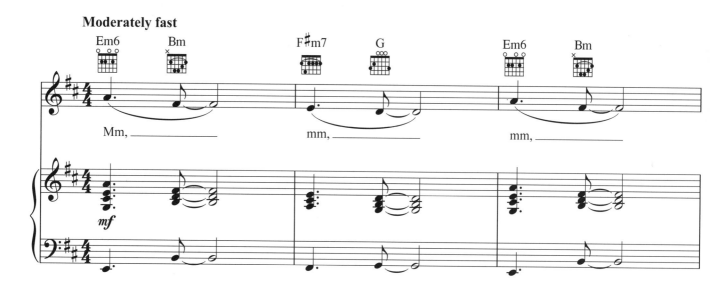

but I don't feel at home, _____ yeah. _

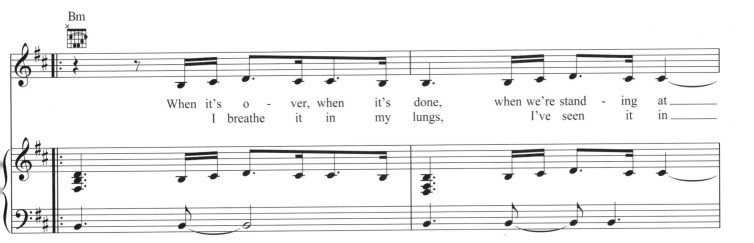

When it's o - ver, when it's done, when we're stand - ing at _____
I breathe it in my lungs, I've seen it in _____

_____ the gates, will we see that all a -
_____ the flesh. If all we need is

long _____ we're a dif - f'rent kind of
love, _____ how the hell did we for -

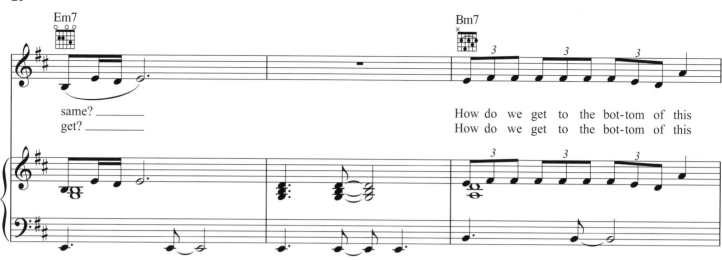

same? _____
get? _____

How do we get to the bot-tom of this
How do we get to the bot-tom of this

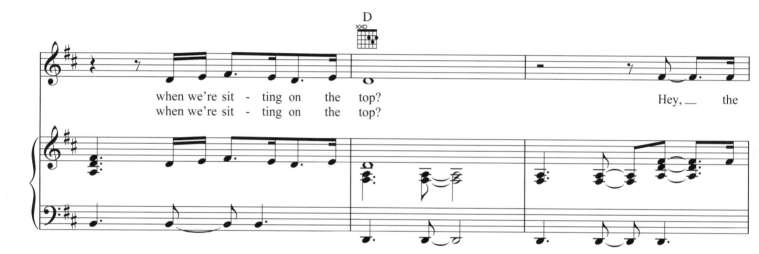

when we're sit - ting on the top?
when we're sit - ting on the top?

Hey, __ the

peo - ple, they tell me it's just how it is,
Peo - ple, they tell me it's just how it is,

like it's nev - er gon - na
like it's nev - er gon - na

stop.)
stop.)

But we got way too much in com - mon.

Oh, may-be we for-got it. With ev-'ry-bod-y

talk-in', ain't no-bod-y lis-t'nin'. I don't know what God is,

To Coda

'cause we got way too much in com-mon.

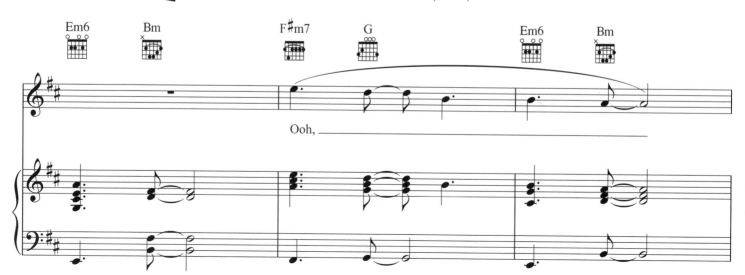

Ooh,

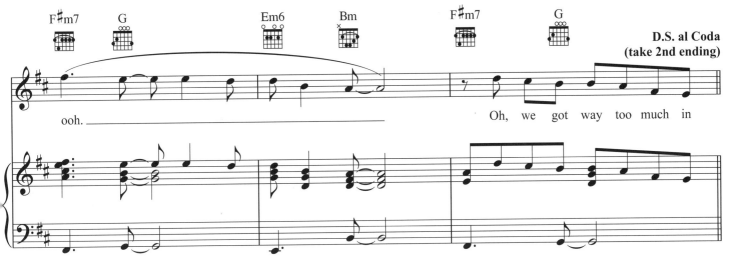

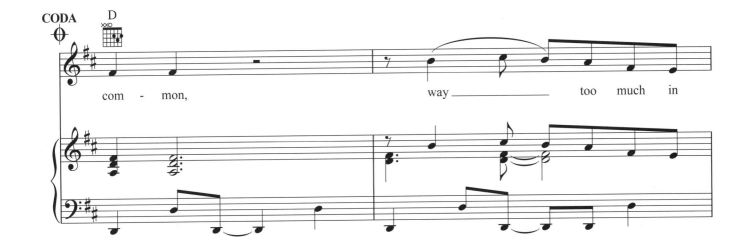

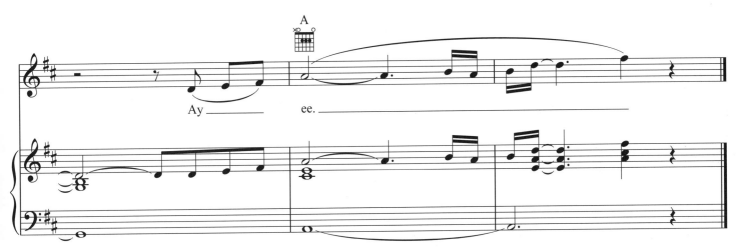

DEAR HATE

Words and Music by MAREN MORRIS,
TOM DOUGLAS and DAVID HODGES

Moderate Ballad

Dear __ Hate, __

I saw you on __ the news __

to-day. __   Like a shock that takes __ my

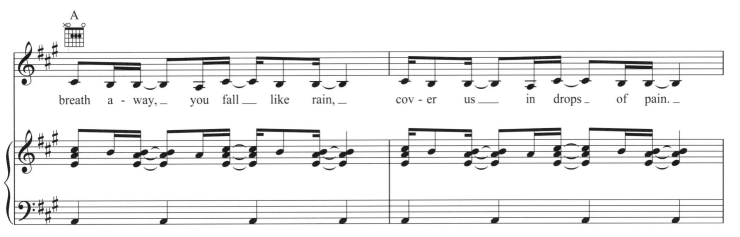

breath a - way,__ you fall__ like rain,__ cov - er us__ in drops__ of pain.__

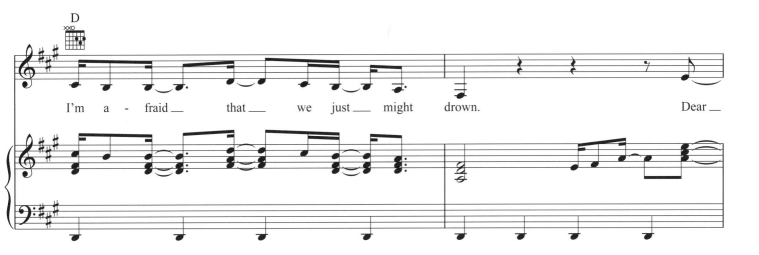

I'm a - fraid__ that__ we just__ might drown. Dear__

__ Hate,_____ well, you sure__ are col - or - blind.__

Your kiss is__ the cru - el - est kind.__ You could poi - son an -

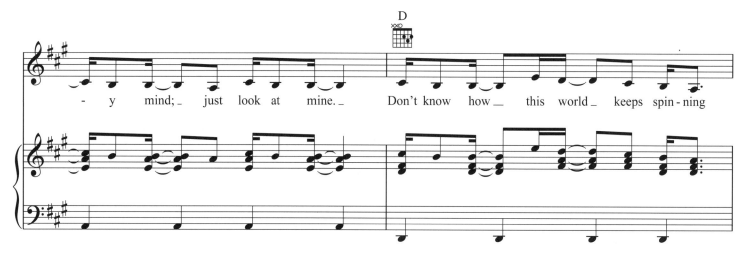

-y mind; just look at mine. Don't know how this world keeps spin-ning

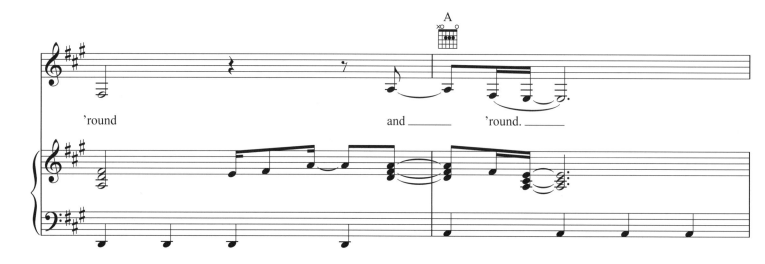

'round and 'round.

You were there in the gar-den, like a

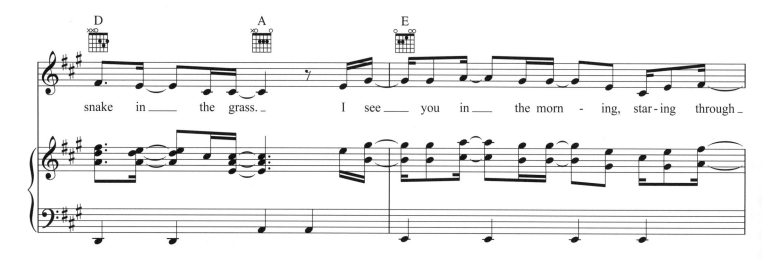

snake in the grass. I see you in the morn-ing, star-ing through

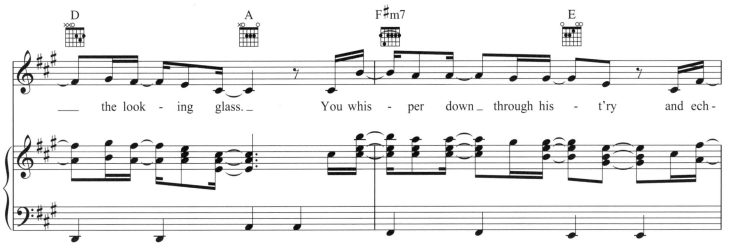

the look - ing glass.___ You whis - per down_ through his - t'ry and ech-

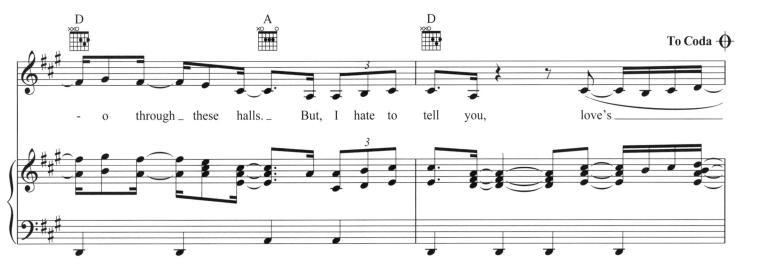

- o through _ these halls.___ But, I hate to tell you, love's _____

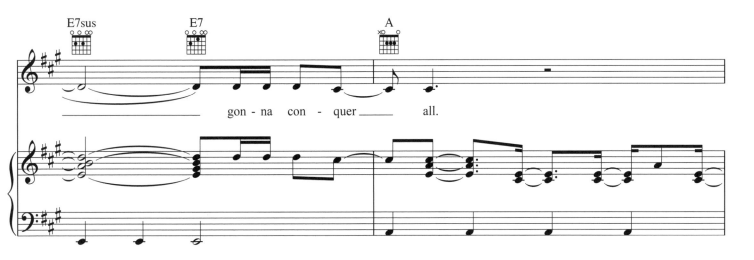

_____ gon - na con - quer _____ all.

Dear _____ Hate, _____

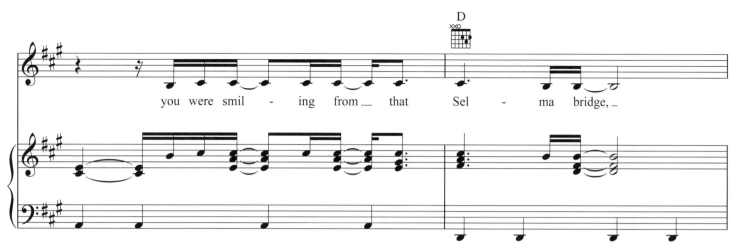

you were smil - ing from ___ that Sel - ma bridge, ___

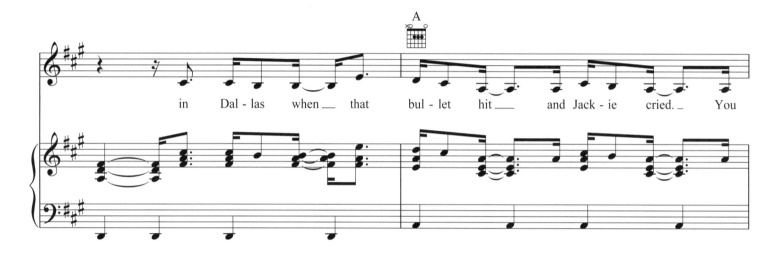

in Dal - las when ___ that bul - let hit ___ and Jack - ie cried. ___ You

pulled those tow - ers from ___ the sky, _____ but e - ven on ___ our dark - est ___ nights, ___

D.S. al Coda

_____ the world ___ keeps spin - ning _____ 'round. _____ You were

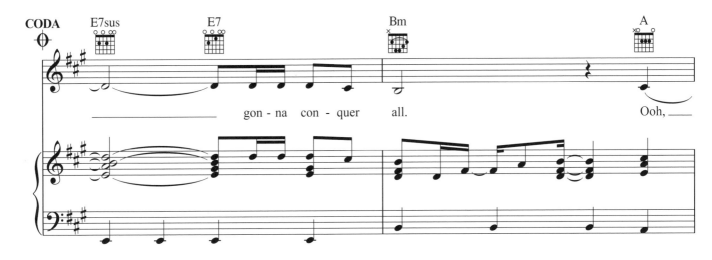

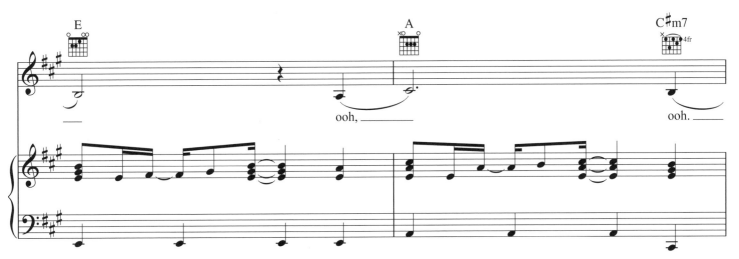

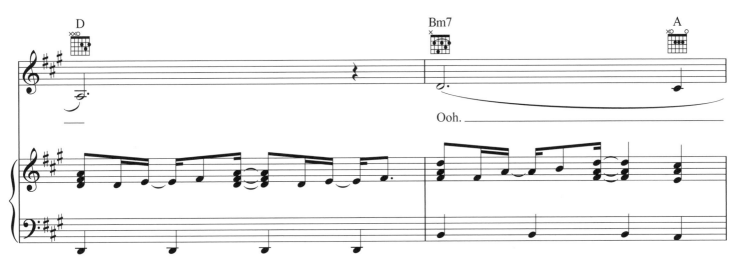

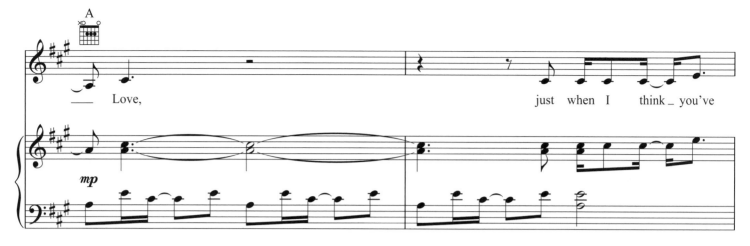

Love, just when I think you've

giv - en up, you were

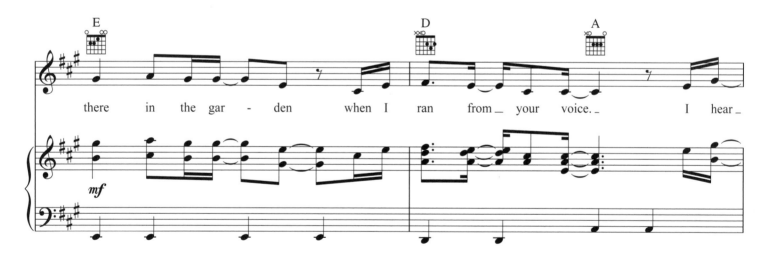

there in the gar - den when I ran from your voice. I hear

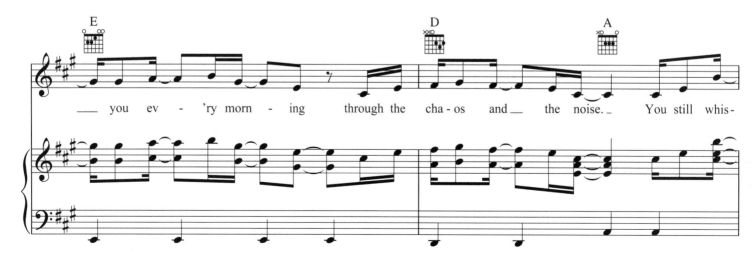

you ev - 'ry morn - ing through the cha - os and the noise. You still whis-

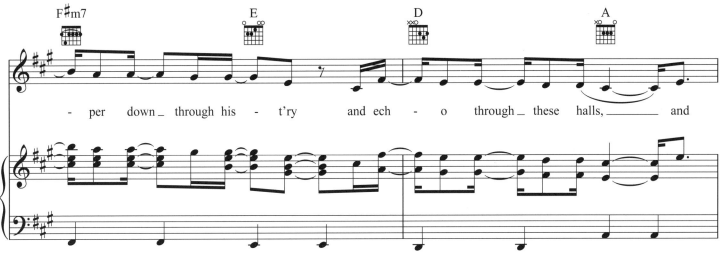

-per down_ through his - t'ry and ech - o through_ these halls,_____ and

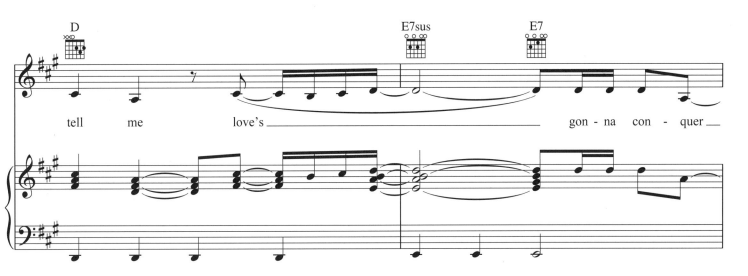

tell me love's _____ gon - na con - quer __

____ all, gon - na con - quer __

all. _____

80s MERCEDES

Words and Music by MAREN MORRIS
MICHAEL BUSBEE

Wah - oh, ___ wah - oh, ___ ah. ___

Wah - oh, ___ wah - oh, ___ ah. ___ (Pop ___

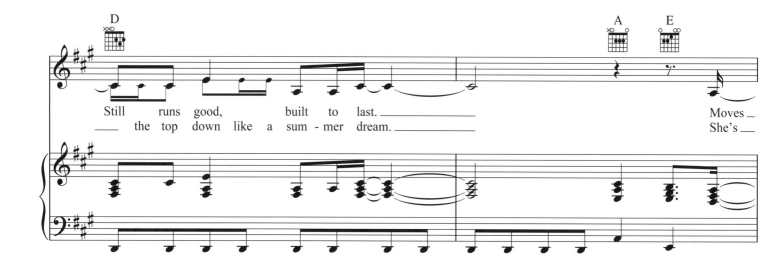

Still runs good, built to last. ___ Moves ___
___ the top down like a sum - mer dream. ___ She's ___

like a hu-la girl on the dash. _____ She ain't
my ___ teen - age time ma-chine. _____ Just

made for prac - ti - cal - i - ty. _____ She's
keeps get - tin' sweet - er ___ with age. _____ She's

Yeah, I guess ___ she's just like me. _____ It's
clas - sic through ___ an - y dec - ade. _____ The

(1., D.S.) Sat - ur - day night, ___ a - bout time to go. ___ Got my white ___ leath - er jack - et and a ne - on soul. ___ Once I turn ___
(2.) sun's in the sky, ___ glit - ter on the seats. _ You can try, ___ but the Benz _ is ___ hard to beat. _ So, ___ hey, ___

_____ on the ra-di-o, I'm rea-dy to roll,_ r - read-y to roll._
_____ if you want, you can ride_ with me,_ r - ride_ with me._ Feel like a hard-to-

get star - let when I'm driv - in'.____ Turn-in' ev - 'ry

head, hell, ____ I ain't e - ven try - in'. _____ Got them

Ray - Ban shades,_ pret-ty in pink. Call me old-school, but hey, I'm a nine-ties

ba - by in my eight - ies Mer - ce - des. ___ I'm a nine - ties

ba - by in my eight - ies Mer - ce - des. ___

To Coda ⊕

ce - des. ___ Wah - oh, ___ wah - oh, ___ ah. ___

D.S. al Coda

Wah - oh, ___ wah - oh, ___ ah. ___ It's

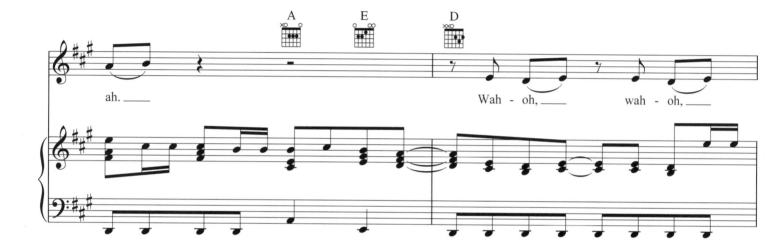

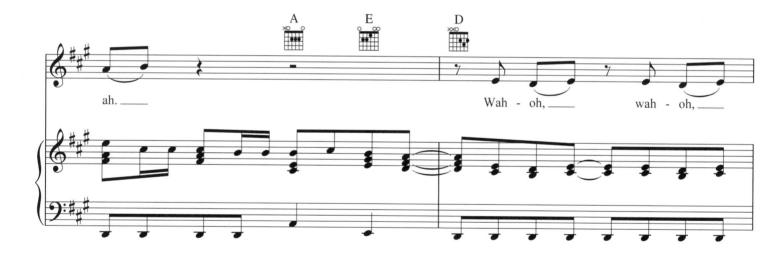

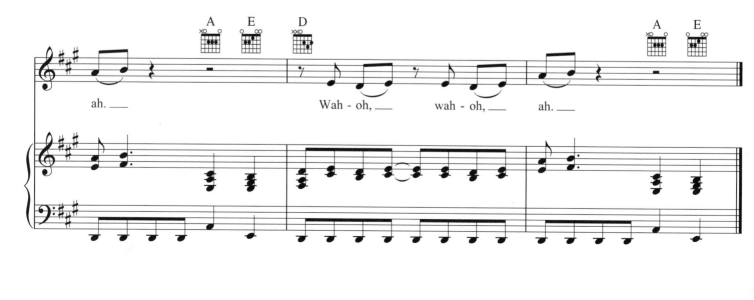

I'LL BE THE MOON

Words and Music by MATT DRAGSTREM,
RYAN HURD and HEATHER MORGAN

G

Girl, you can't take your eyes off me, ___ and that first ___ kiss is
Female: In my mind when I'm look - in' at him, and in my eyes it's the

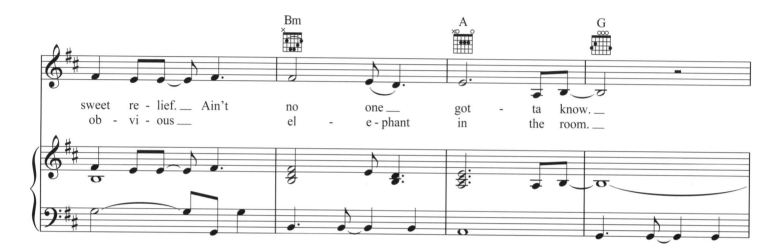

Bm   **A**   **G**

sweet re - lief. ___ Ain't no one ___ got - ta know. ___
ob - vi - ous ___ el - e - phant in the room. ___

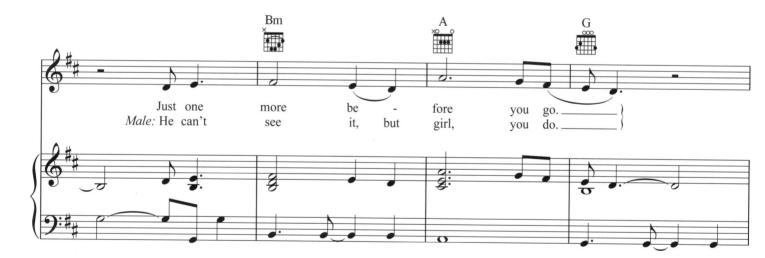

Bm   **A**   **G**

Just one more be - fore you go. _____
Male: He can't see it, but girl, you do. _____

G

I don't wan - na be a li - ar, I don't wan - na be a

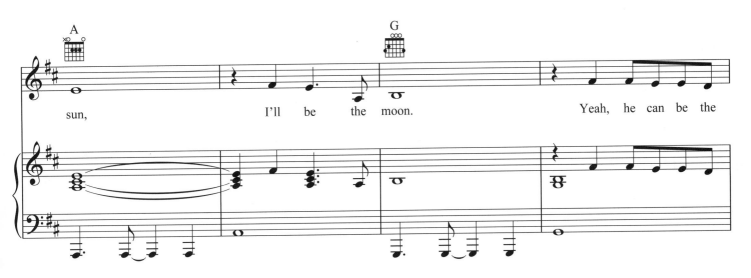

sun, _____ I'll be ___ the moon. _____

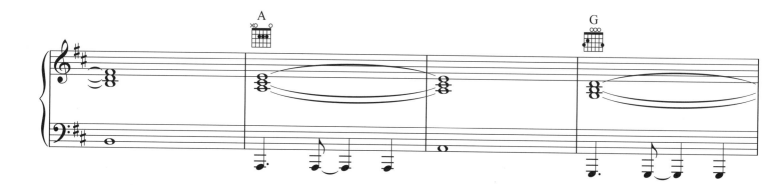

Female: The

Guitar solo - ad lib.

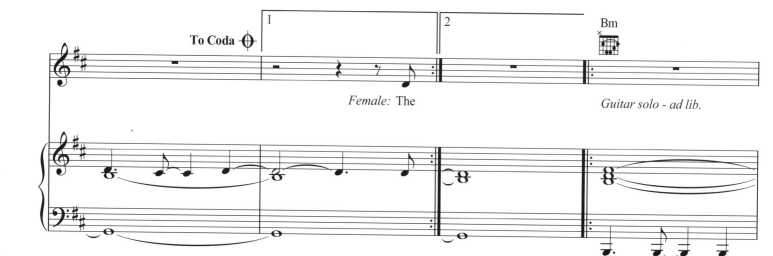

Solo ends

The

phone lights up in the dark. Yes, it's my turn____ and I____ start

D.S. al Coda

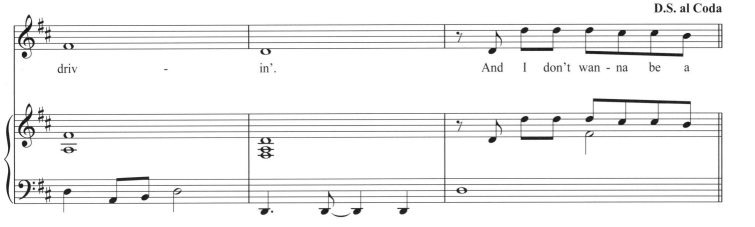

driv - in'. And I don't wan-na be a

CODA

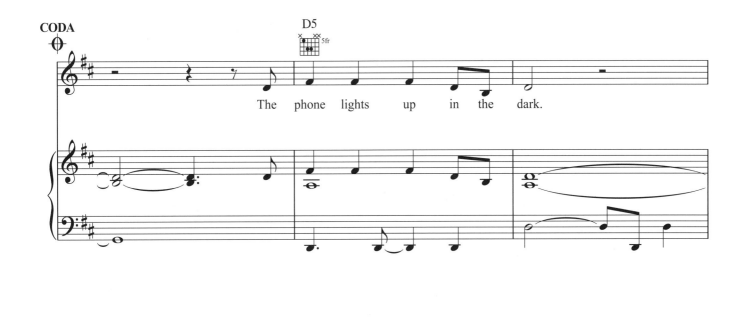

The phone lights up in the dark.

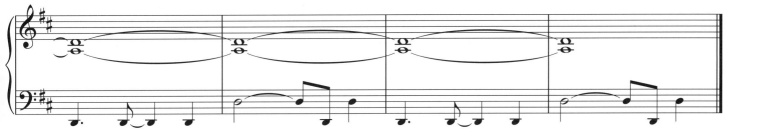

GIRL

Words and Music by MAREN MORRIS,
SARAH AARONS and GREG KURSTIN

* Recorded a half step lower.

What you wait - in' for? _____ Girl, won't you stop your

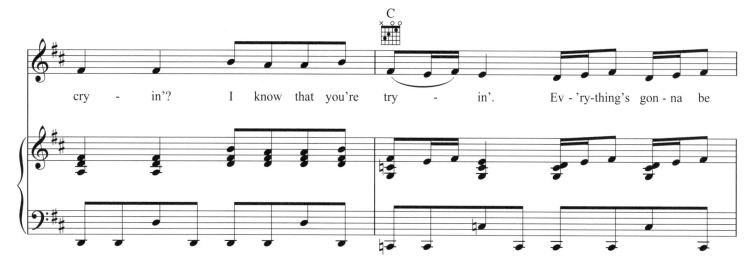

cry - in'? I know that you're try - in'. Ev - 'ry-thing's gon - na be

o - kay, __ ba - by _____ girl. Don't you hang your

head low. Don't you lose your ha - lo. Ev - 'ry-one's gon - na be

Pick your-self up off the kitch-en floor. __ Tell me what you wait-in' for. _____

Girl, won't you stop your cry - in'? I know that you're

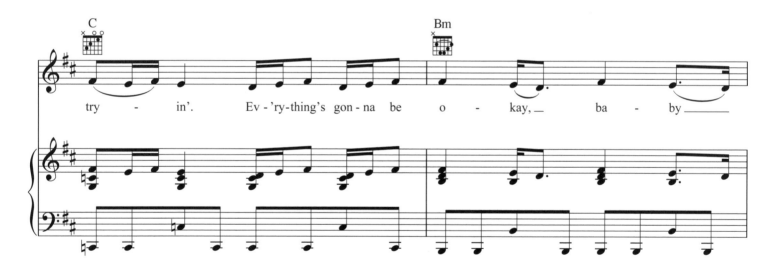

try - in'. Ev -'ry-thing's gon-na be o - kay, __ ba - by _____ girl.

girl. Don't you hang your head low. Don't you lose your

girl.   Won't you stop your cry - in'?   I know that you're

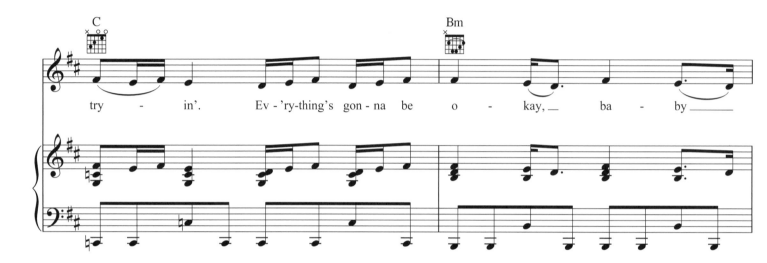

try - in'.   Ev -'ry-thing's gon - na be o - kay, __ ba - by __

girl.   Don't you hang your head low.   Don't you lose your

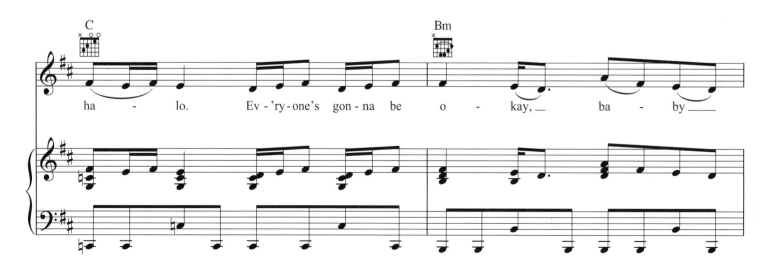

ha - lo.   Ev -'ry-one's gon - na be o - kay, __ ba - by __

girl.

Ev-'ry-one's gon-na be _____ o - kay, _____

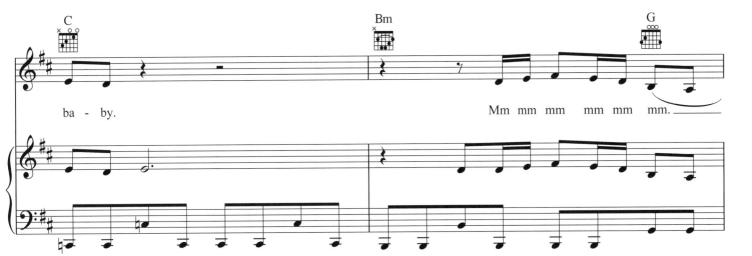

ba - by.

Mm mm mm mm mm mm. _____

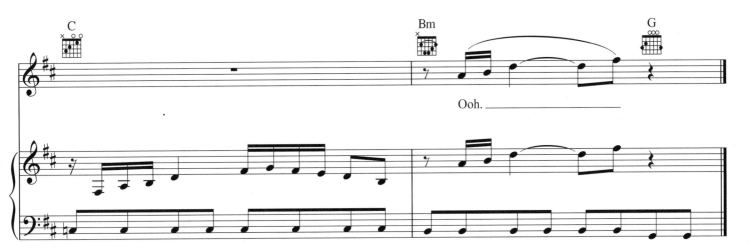

Ooh. _____

I COULD USE A LOVE SONG

Words and Music by MAREN MORRIS,
JIMMY ROBBINS and LAURA VELTZ

Moderately, in 2

U-sual-ly a

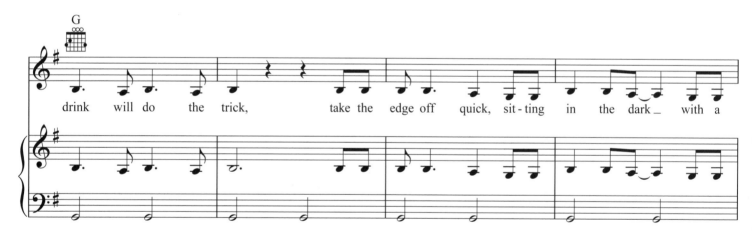

drink will do the trick, take the edge off quick, sit-ting in the dark __ with a

shared cig-a-rette, see-ing eye to eye __ and heart to heart. __ But

* Recorded a half step lower.

may-be I'm __ just get-ting old. __ Used to work, _ but now it dont. _ A

long gone drive, you know, the kind __ where you take a turn __ and you
know so much. I peeked be-hind __ the __ cur-tain; now __ that __

don't know why. But it clears you mind, _ a sure - fire cure.
mag - ic rush feels _ like a trick __ that is - n't work-in', but I

I need some - thing strong - er
have-n't lost __ all hope yet.

that -'ll last __
Yeah, it's hurt -

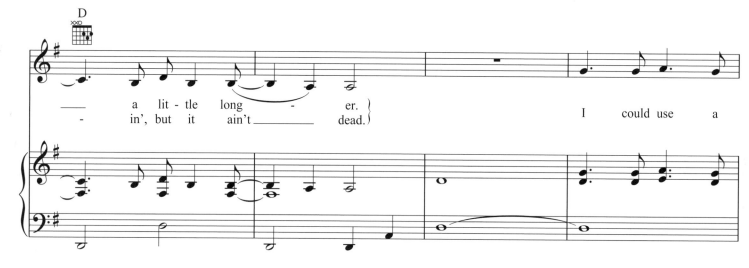

-in', but it ain't ___ dead. } I could use a

love song that takes me back, _ just ___ like that ___ when it

comes on, to a time when I ___ would-n't roll my eyes _ at a

guy and a girl who make it work in a world that for me _

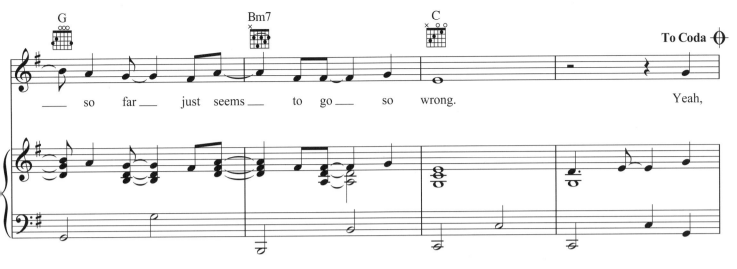

so far___ just seems___ to go___ so wrong. Yeah,

I could use, I could use a love _____ song. _____

I wish I did-n't love _____ song. _____

54

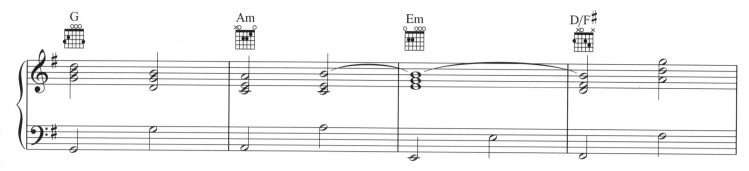

Give me ___ a sign or ___ a

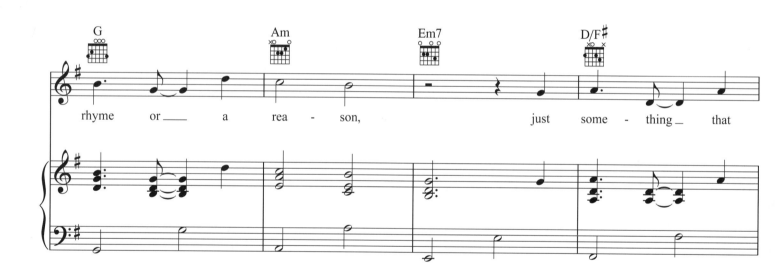

rhyme or ___ a rea - son, just some - thing ___ that

D.S. al Coda

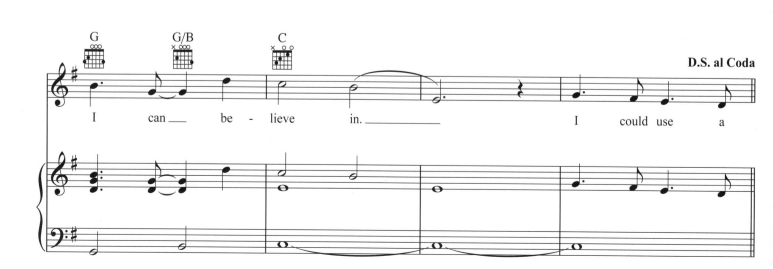

I can ___ be - lieve in. _____ I could use a

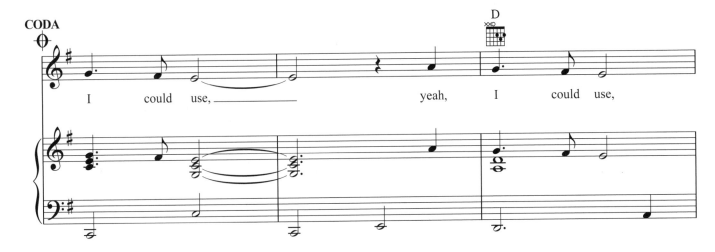

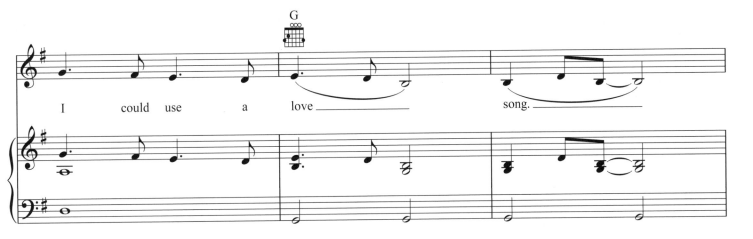

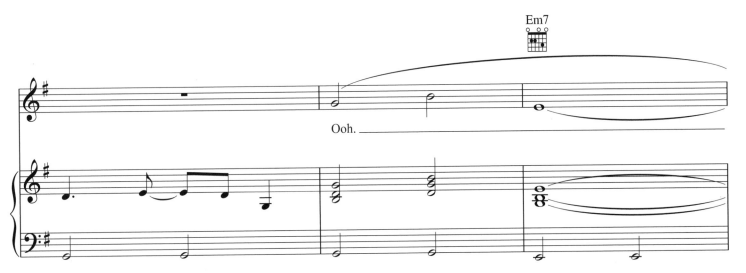

THE MIDDLE

Words and Music by SARAH AARONS,
MARCUS LOMAX, JORDAN JOHNSON,
ANTON ZASLAVSKI, KYLE TREWARTHA,
MICHAEL TREWARTHA and STEFAN JOHNSON

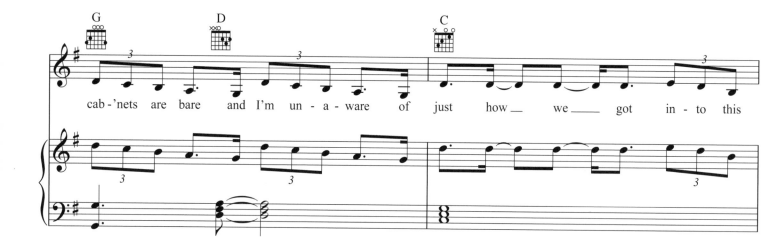

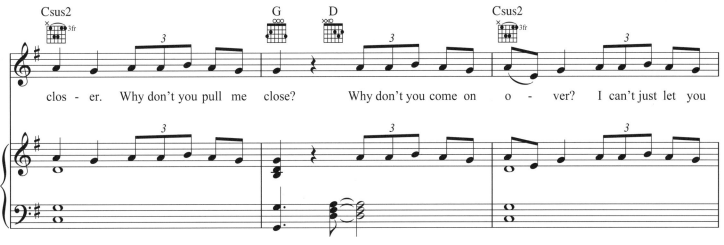

closer. Why don't you pull me close? Why don't you come on o - ver? I can't just let you

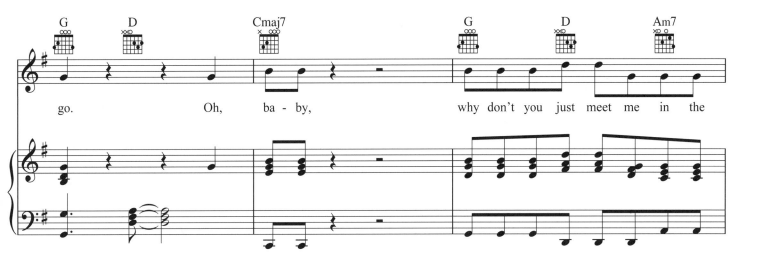

go. Oh, ba - by, why don't you just meet me in the

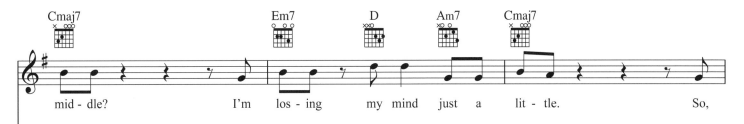

mid - dle? I'm los - ing my mind just a lit - tle. So,

why don't you just meet me in the mid - dle, in the mid - dle? _____

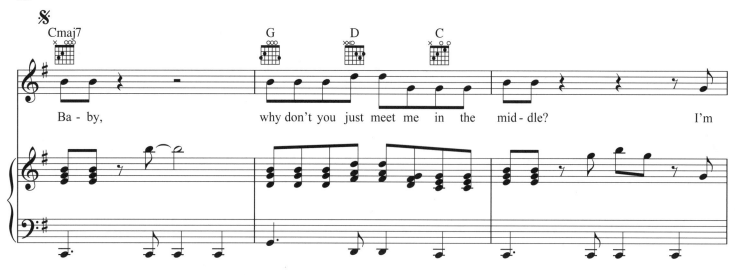

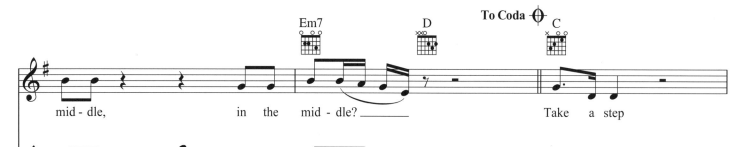

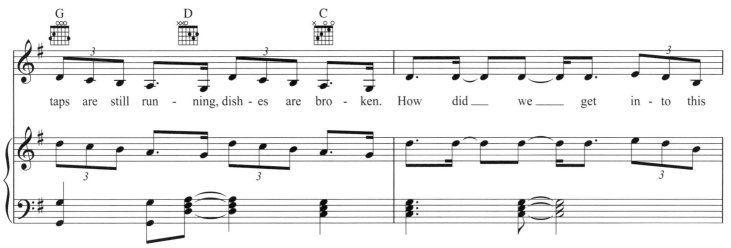

taps are still run - ning, dish - es are bro - ken. How did __ we __ get in - to this

mess, got so ag - gres - sive? I know __ we __ meant all good in - ten - tions, so pull me

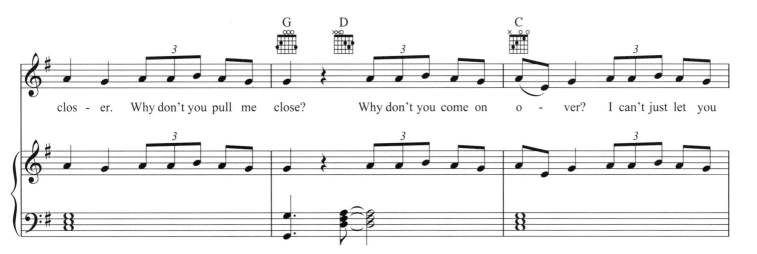

clos - er. Why don't you pull me close? Why don't you come on o - ver? I can't just let you

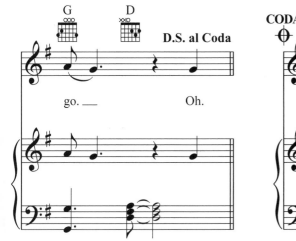

go. __ Oh.

Look - ing at you, I can't lie, just pour - ing out ad -

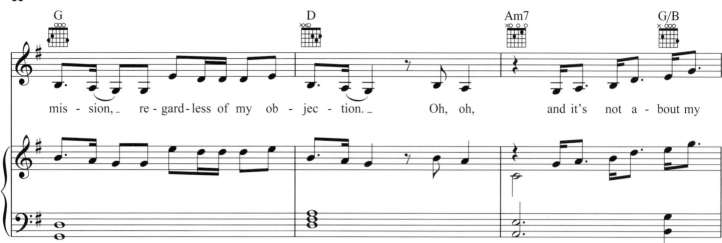

mis - sion, _ re - gard - less of my ob - jec - tion. _ Oh, oh, and it's not a - bout my

pride. I need you on my skin, just _ come o - ver, pull me in, just... _____ Oh, _

ba - by, why don't you just meet me in the mid - dle? I'm

los - ing my mind just a lit - tle. So, why don't you just meet me in the

(with vocal ad lib.)

mid - dle, in the mid - dle? No, no.____ Ba - by,

why don't you just meet me in the mid - dle? I'm los - ing my mind just a

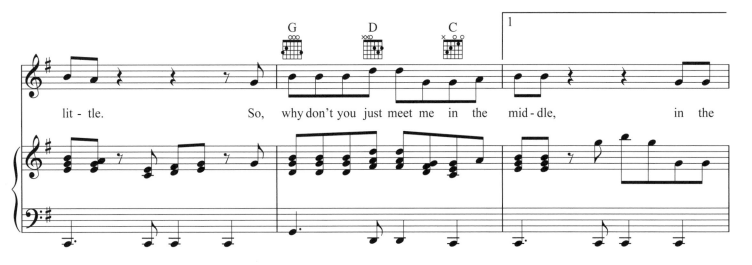

lit - tle. So, why don't you just meet me in the mid - dle, in the

mid - dle? mid - dle, mid - dle, in the mid - dle, mid - dle?

MY CHURCH

Words and Music by busbee
and MAREN MORRIS

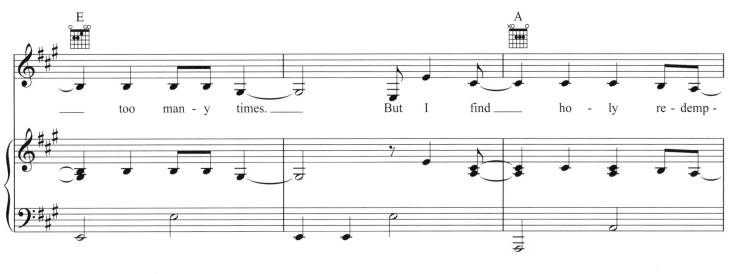

too man - y times. _____ But I find _____ ho - ly re - demp -

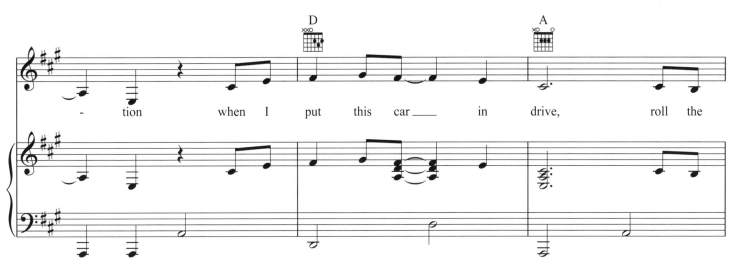

- tion when I put this car _____ in drive, roll the

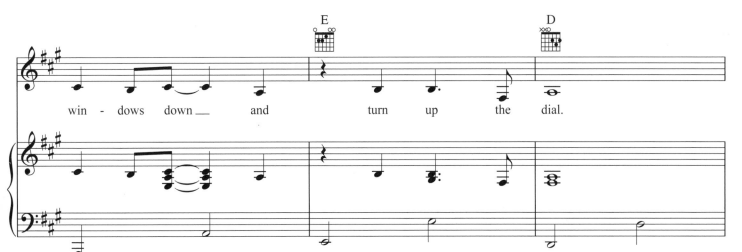

win - dows down _____ and turn up the dial.

Can I get a hal - le - lu - jah?

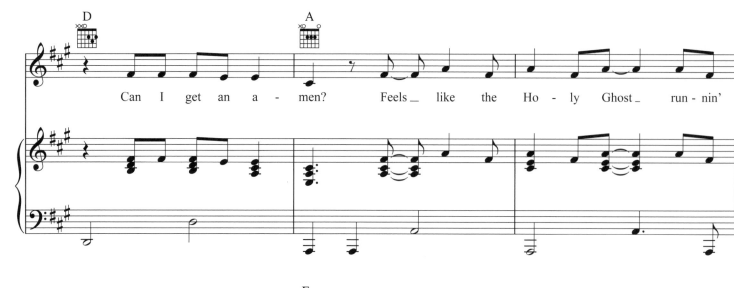

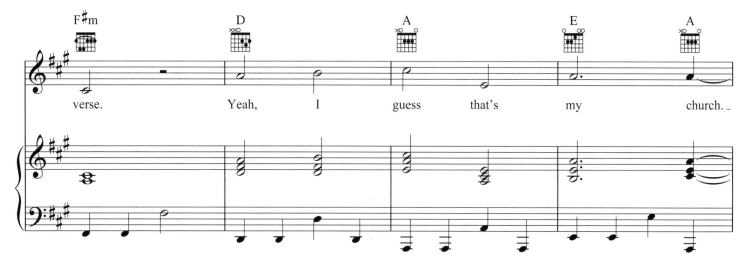

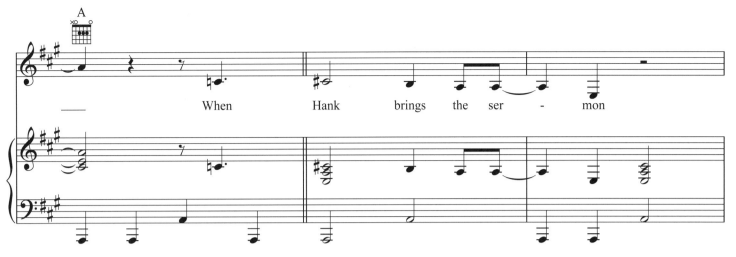

When Hank brings the ser - mon

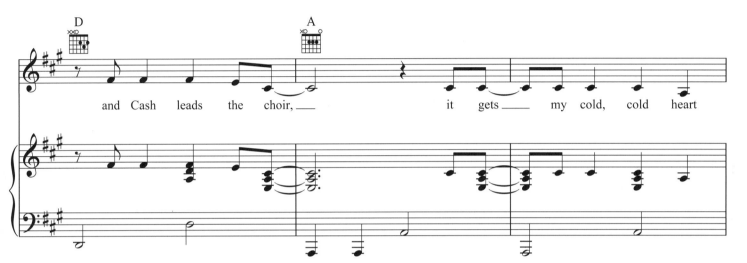

and Cash leads the choir, ___ it gets ___ my cold, cold heart

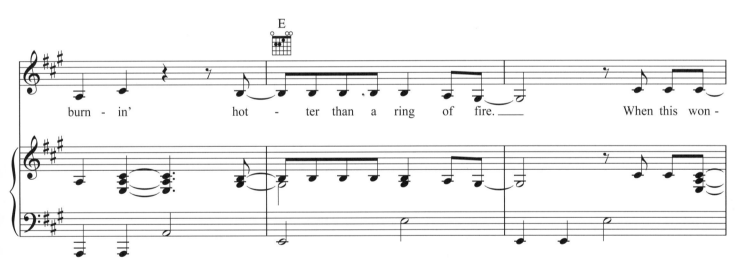

burn - in' hot - ter than a ring of fire. ___ When this won -

- der - ful world gets heav - y and I need ___ to find my es -

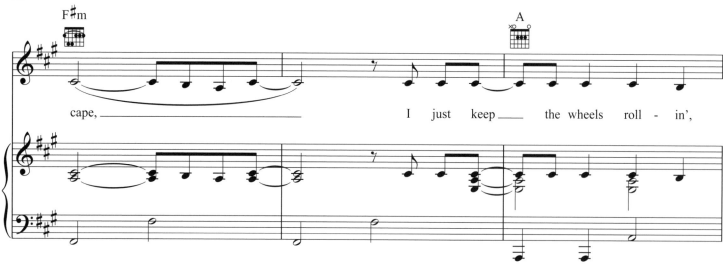

cape, _____ I just keep ___ the wheels roll - in',

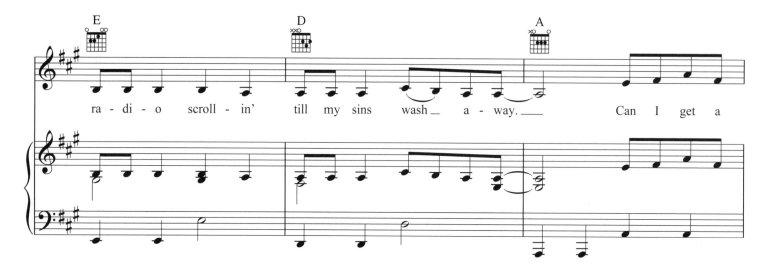

ra - di - o scroll - in' till my sins wash ___ a - way. ___ Can I get a

hal - le - lu - jah? Can I get an a -

men? Feels ___ like the Ho - ly Ghost ___ run - nin' through ya when I

play the High - way F. M. I find ___ my soul re - viv -

- al sing - in' ev - 'ry sin - gle verse.

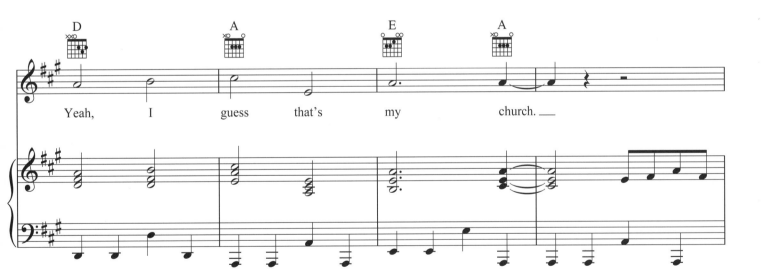

Yeah, I guess that's my church. ___

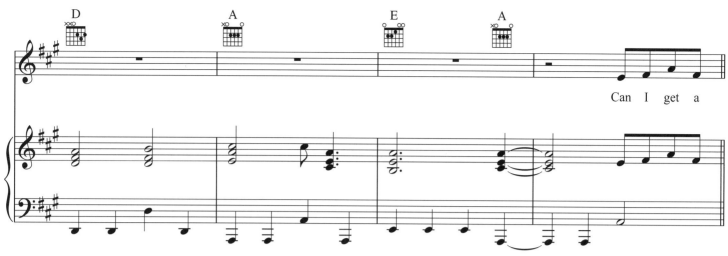

Can I get a

hal - le - lu - jah? Can I get an a -

men? Feels __ like the Ho - ly Ghost __ run - nin' through ya when I

play the High - way F. M. I find ____ my soul re - viv -

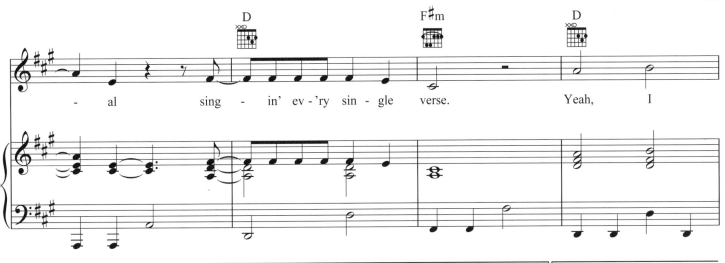

-al sing - in' ev-'ry sin - gle verse. Yeah, I

guess that's my church. __ Can I get a my church. __

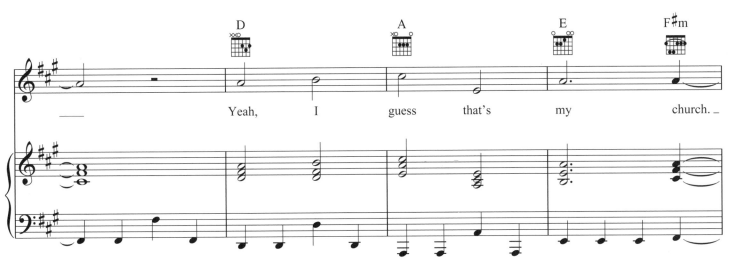

__ Yeah, I guess that's my church. __

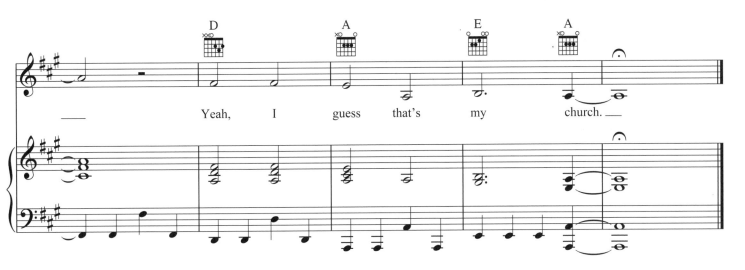

__ Yeah, I guess that's my church. __

RICH

Words and Music by MAREN MORRIS,
JESSIE JO DILLON and LAURA VELTZ

Country Rock

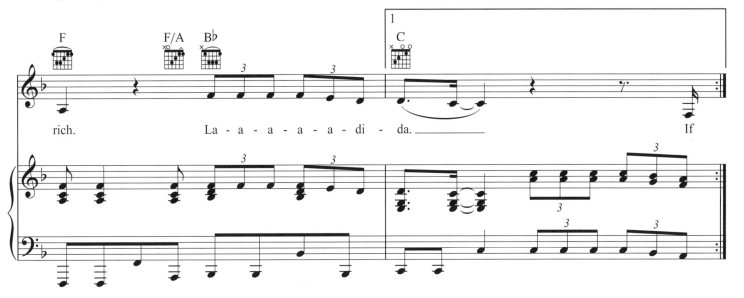

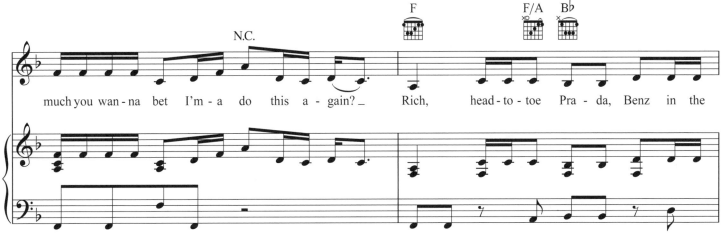

drive-way, yacht in the wa-ter, Ve-gas at the Man-da-rin, high-roll-er gam-bl-ing, me and

Did-dy drip-ping dia-monds like Mar-i-lyn. No, I would-n't be drown-ing in all your I O __ U's. __ Ev-'ry

prom-ise you made me would have some real val-ue, ___ 'cause

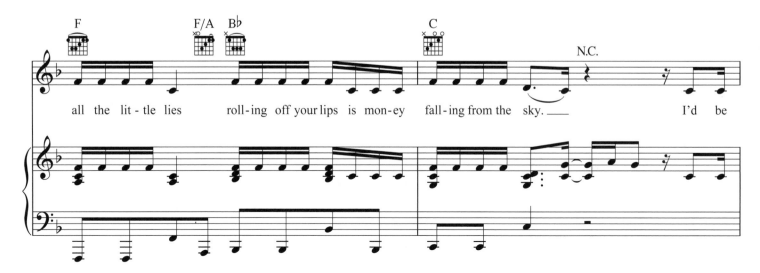

all the lit-tle lies roll-ing off your lips is mon-ey fall-ing from the sky. ___ I'd be

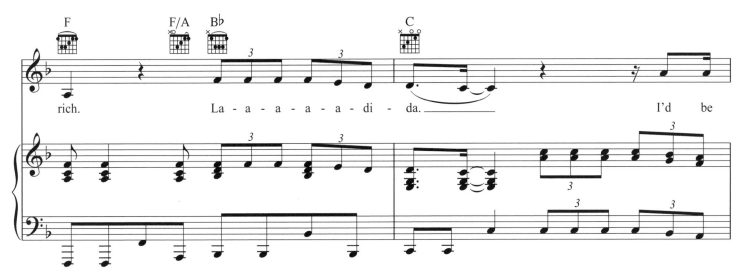

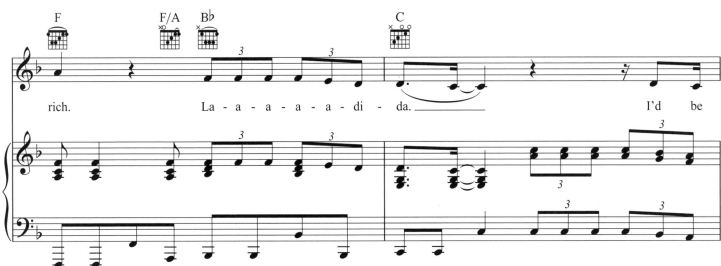

SEEING BLIND

Words and Music by NIALL HORAN,
RUTH-ANNE CUNNINGHAM
and MATT RADOSEVICH

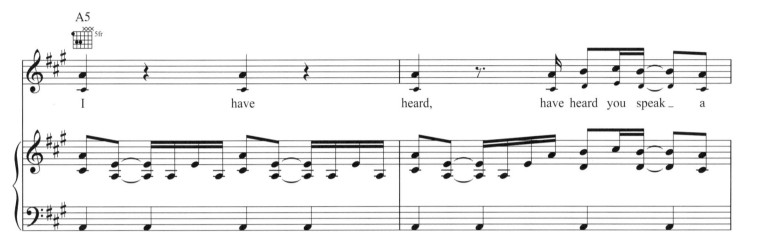

would.

Oh, my, my, you just took ___ me by ___ sur - prise. And I can't ___

be - lieve ___ my eyes, ___ oh, I must ___ be see - ing blind. _____

Oh, no, I, you're too good ___ to be ___ all ___ mine. Now I'm look-

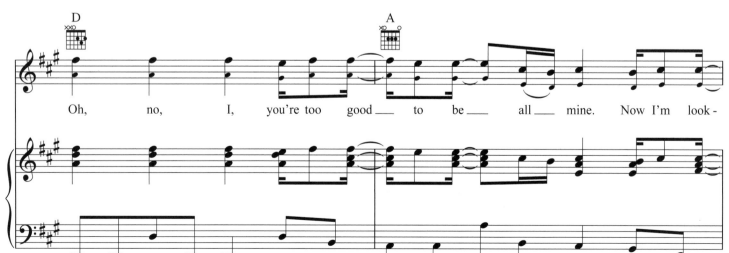

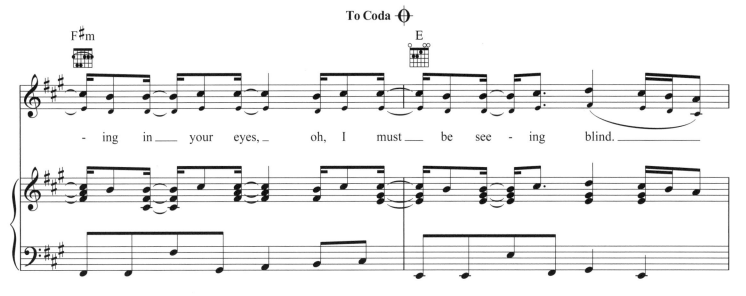

-ing in your eyes, _ oh, I must _ be see - ing blind. _____

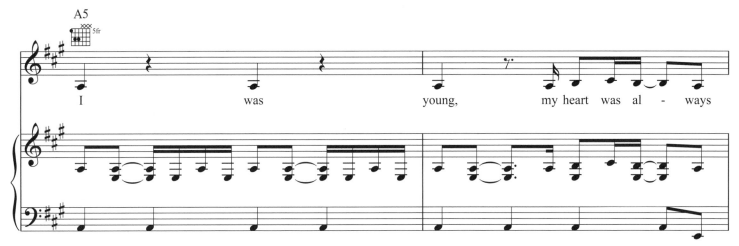

I was young, my heart was al - ways

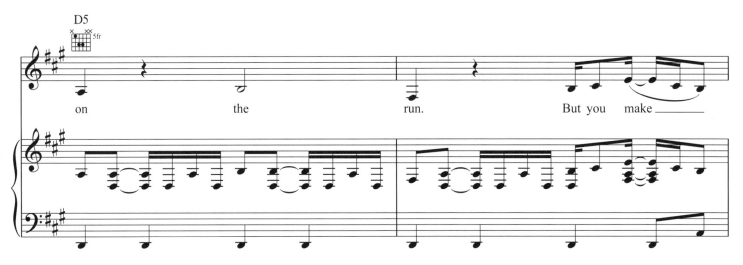

on the run. But you make _____

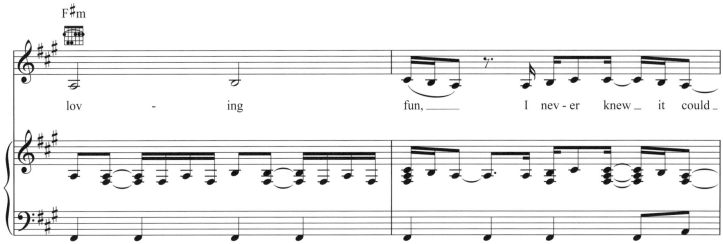

lov - ing fun, _____ I nev - er knew _ it could _

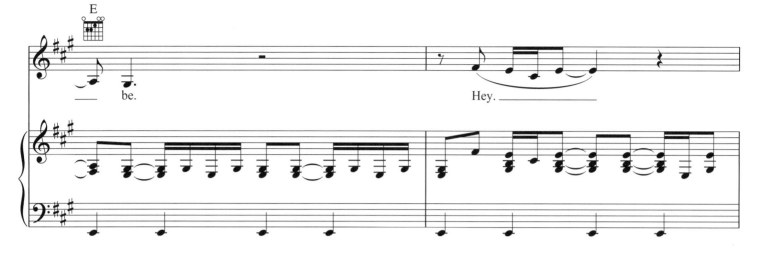

be. Hey.

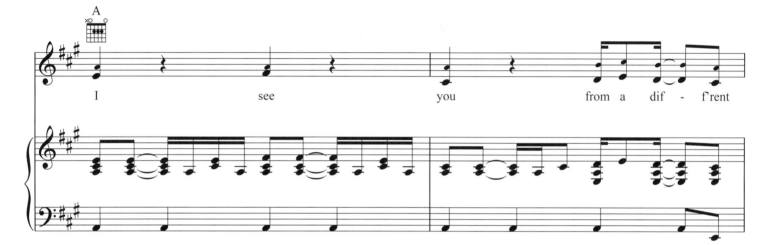

I see you from a dif - f'rent

point of view. Feels too good

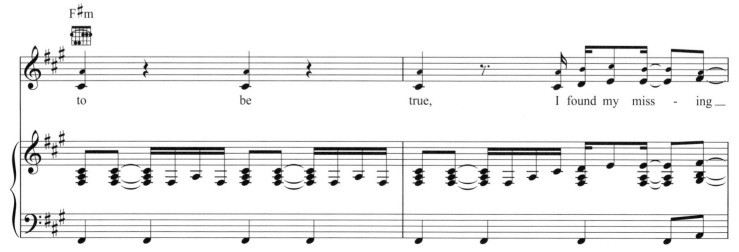

to be true, I found my miss - ing

piece.

CODA

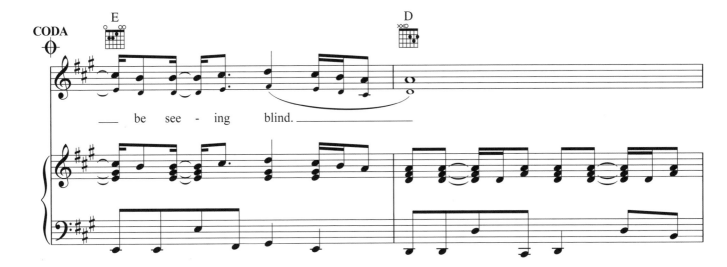

___ be see - ing blind. ___

Oh, no. ___

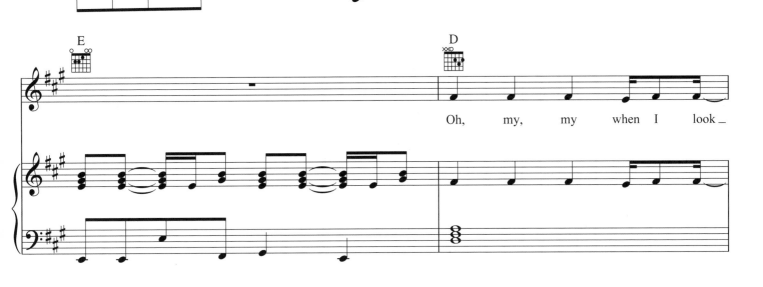

Oh, my, my when I look ___

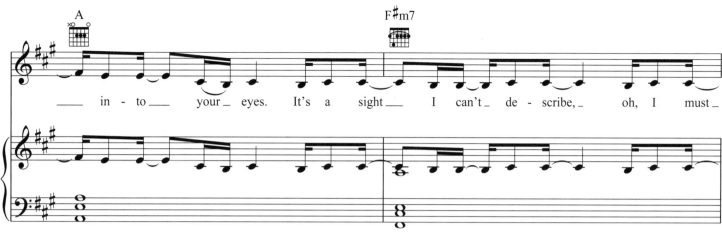

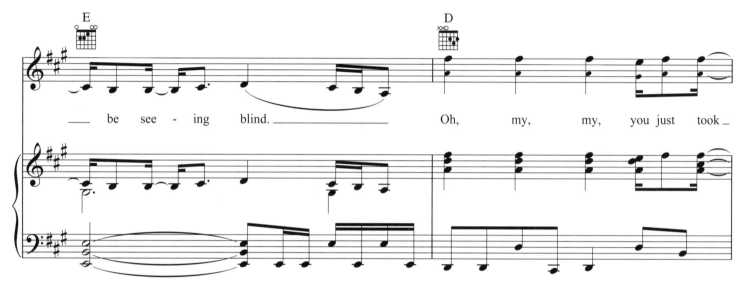

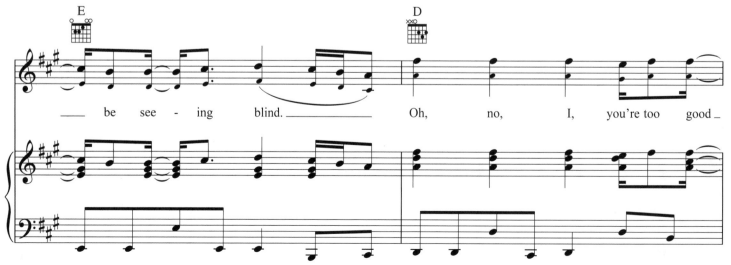

A SONG FOR EVERYTHING

Words and Music by MAREN MORRIS,
JIMMY ROBBINS and LAURA VELTZ

Moderately, in 2

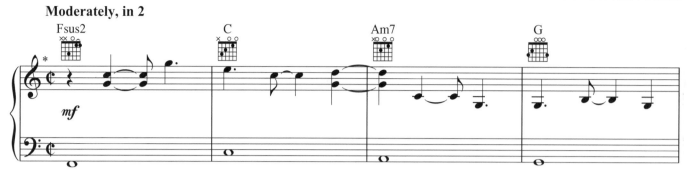

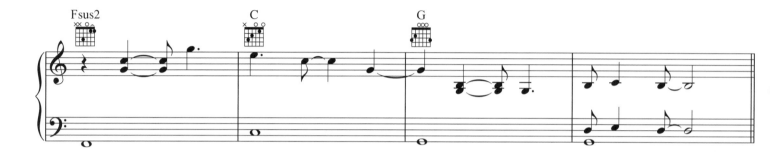

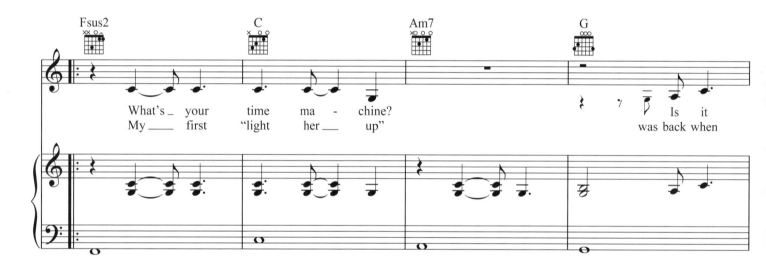

What's _ your time ma - chine?
My ____ first "light her ___ up"

Is it
was back when

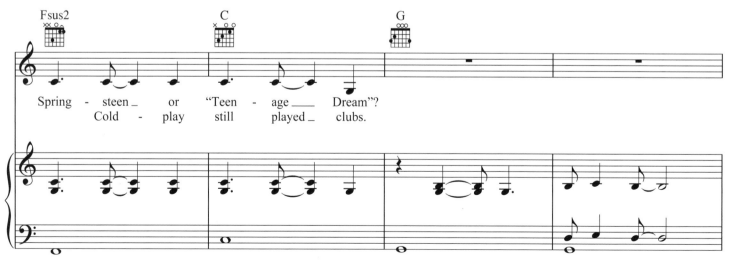

Spring - steen _ or "Teen - age ___ Dream"?
Cold - play still played _ clubs.

* Recorded a half step higher.

What's __ your "takes you __ back,"_____ your first
My __ first real good - bye;_____ damn, that

"fall - in' __ in love" sound - track? __ When you were
sec - ond __ verse still makes __ me cry. When I was

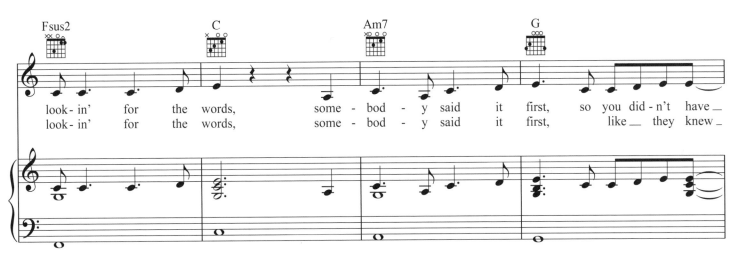

look - in' for the words, some - bod - y said it first, so you did - n't have __
look - in' for the words, some - bod - y said it first, like __ they knew __

__ to. It was look - in' right at you. _____ One
__ me. They were sing - in' right to me. _____

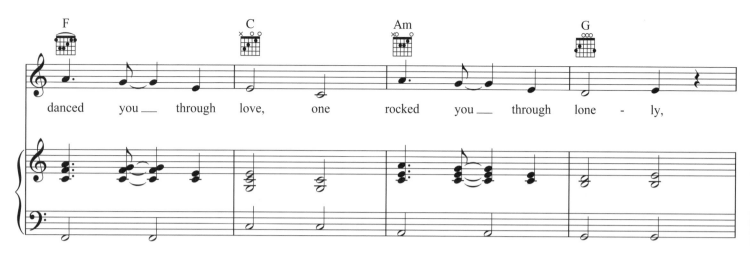

danced you __ through love, one rocked you __ through lone - ly,

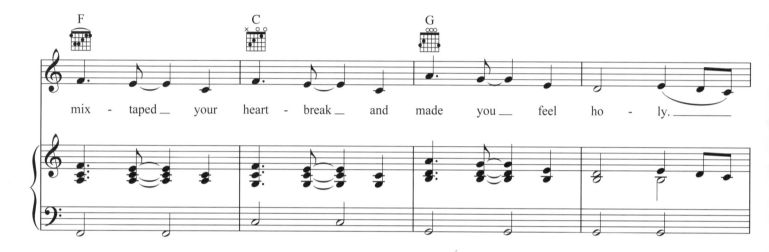

mix - taped __ your heart - break __ and made you __ feel ho - ly. _____

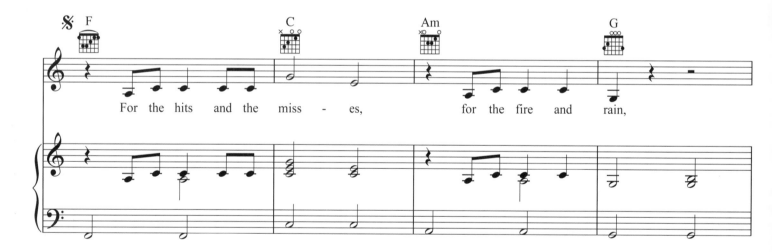

For the hits and the miss - es, for the fire and rain,

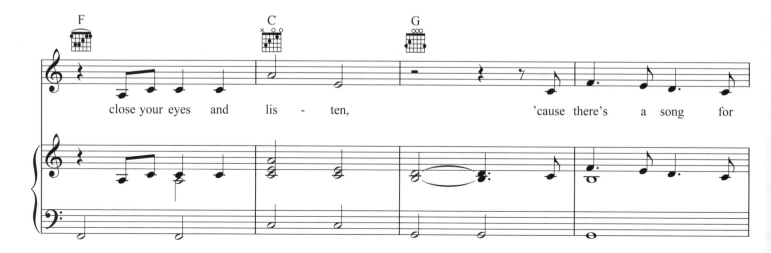

close your eyes and lis - ten, 'cause there's a song for

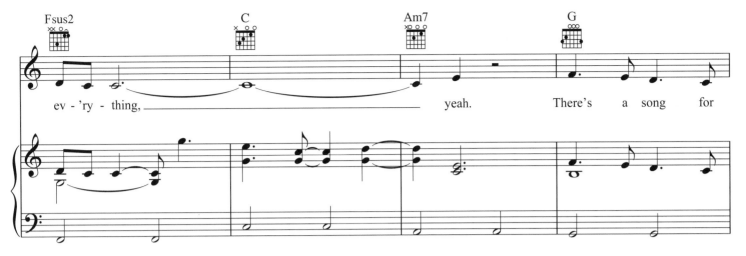

ev - 'ry - thing, _____ yeah. There's a song for

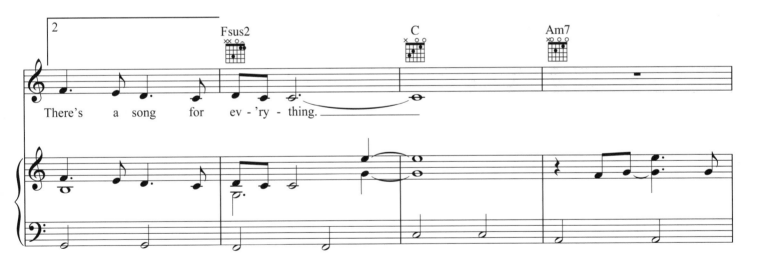

ev - 'ry - thing. _____

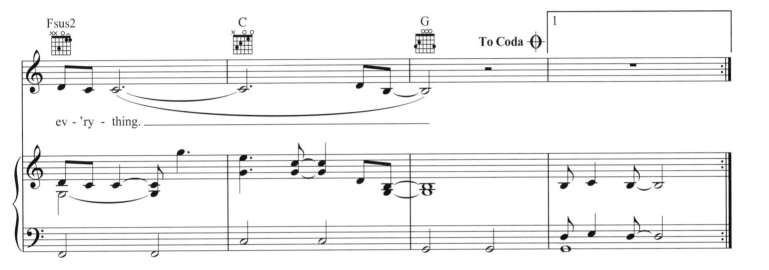

There's a song for ev - 'ry - thing. _____

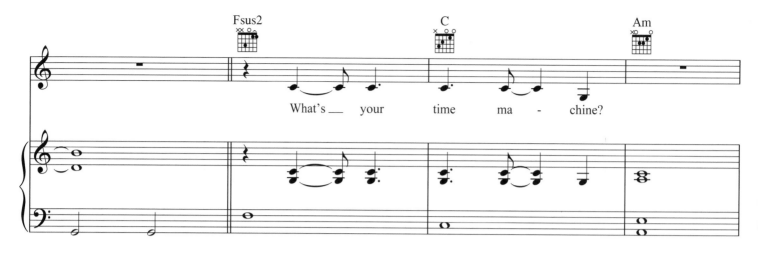

What's your time ma - chine?

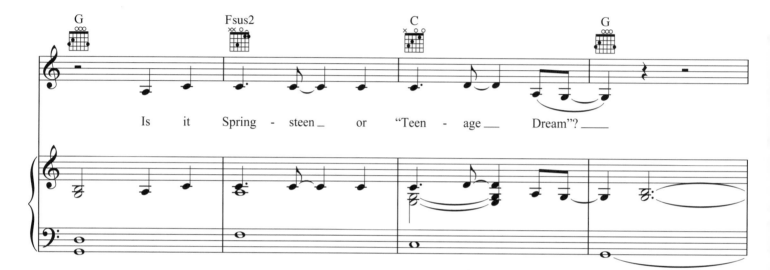

Is it Spring - steen or "Teen - age Dream"?

One danced you through love, one rocked you through

lone - ly, mix - taped your heart - break and made you feel

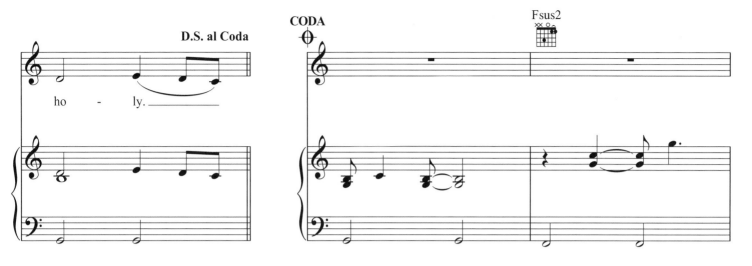

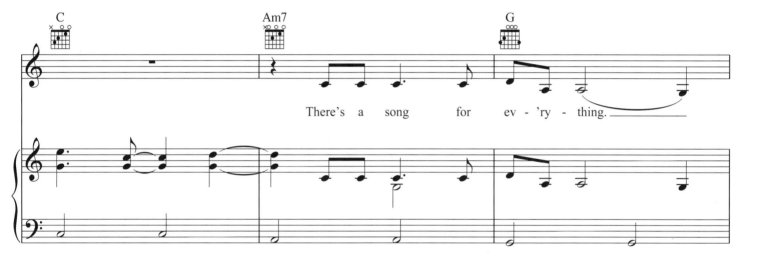

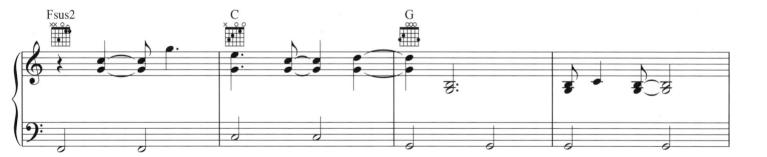

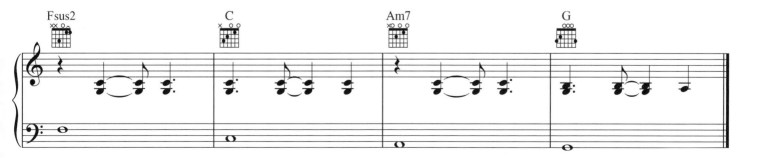

KINGDOM OF ONE

Words and Music by MAREN MORRIS,
WAYNE HECTOR, SAM HARRIS,
NATE MERCEREAU and ERIC FREDERIC

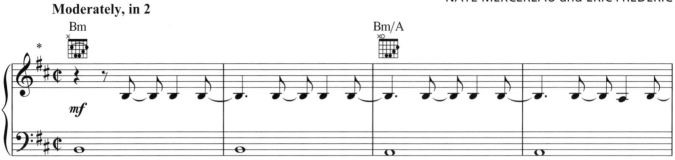

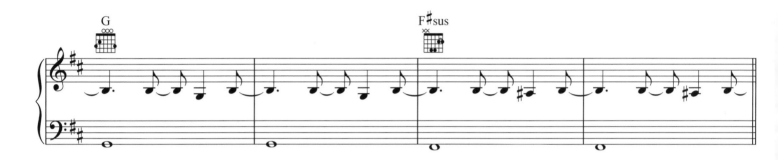

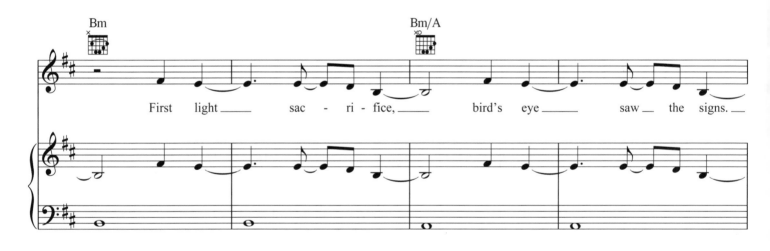

First light _____ sac - ri - fice, _____ bird's eye _____ saw _____ the signs. _____

_____ Cold nights _____ will take _____ your life. _____

Recorded a half step lower.

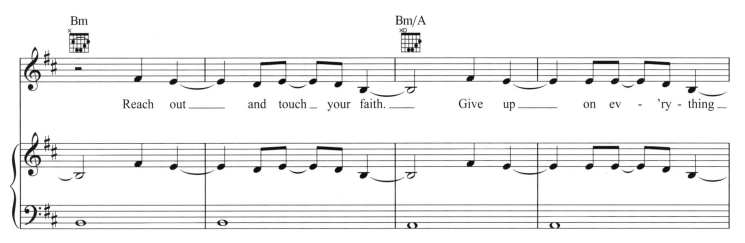

Reach out _____ and touch _ your faith. ___ Give up _____ on ev - 'ry - thing _

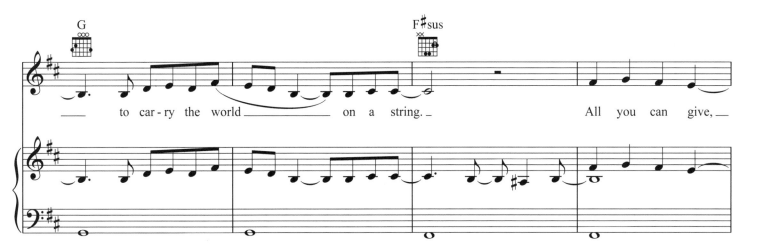

___ to car - ry the world _____ on a string. _ All you can give, _

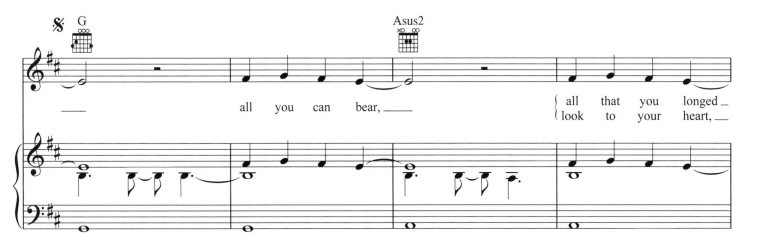

___ all you can bear, _____ { all that you longed _ { look to your heart, _

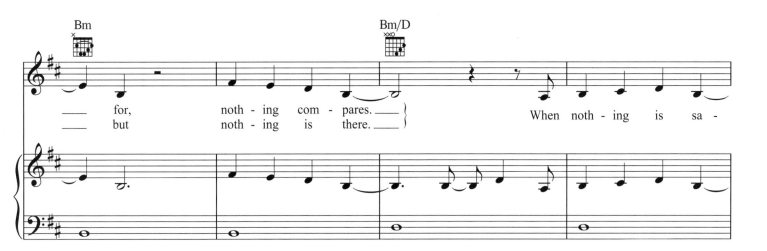

___ for, nothing com - pares. ___ }
___ but nothing is there. ___ }
When nothing is sa -

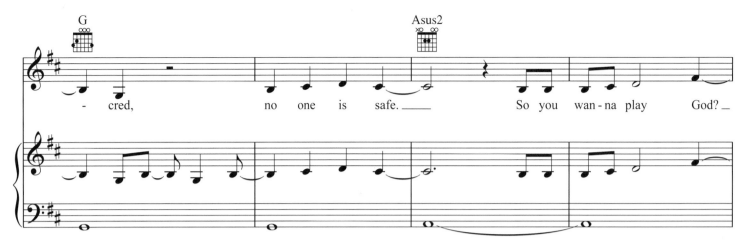

-cred, no one is safe. ____ So you wan-na play God? ___

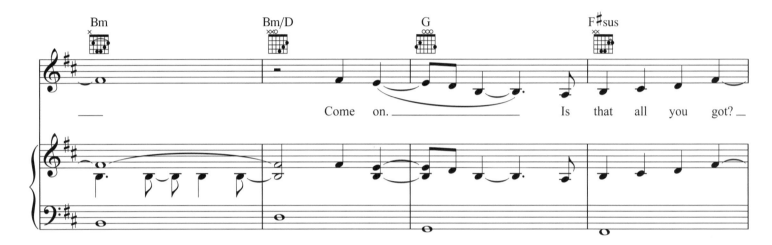

____ Come on. _____ Is that all you got? __

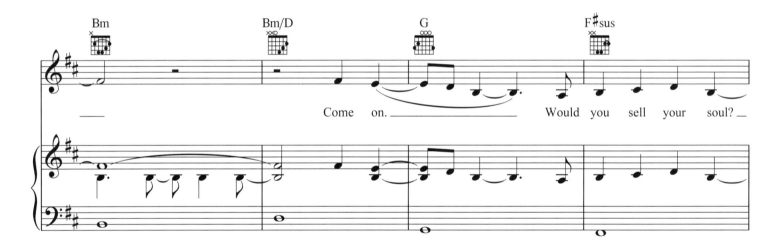

____ Come on. _____ Would you sell your soul? __

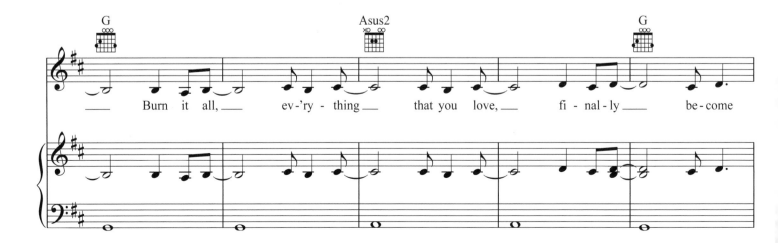

____ Burn it all, ___ ev-'ry-thing ___ that you love, ___ fi-nal-ly ___ be-come

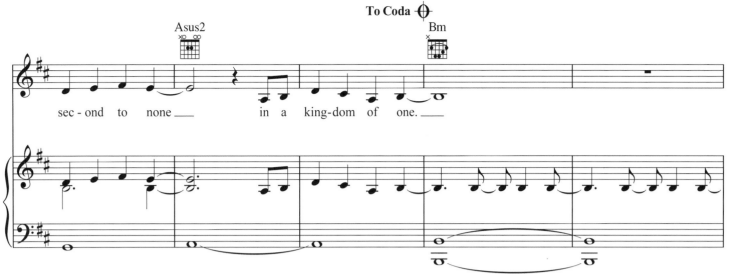

sec - ond to none ___ in a king-dom of one. ___

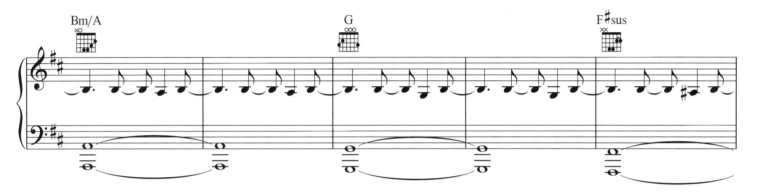

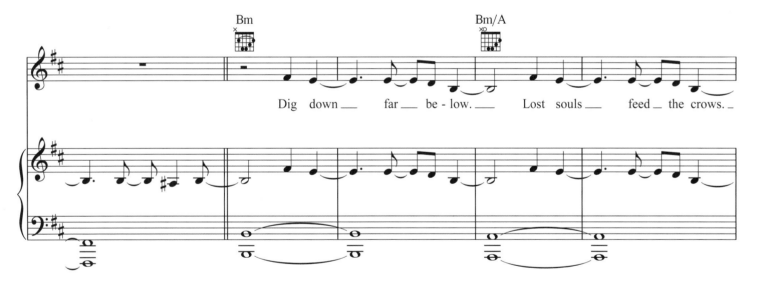

Dig down ___ far ___ be - low. ___ Lost souls ___ feed ___ the crows. ___

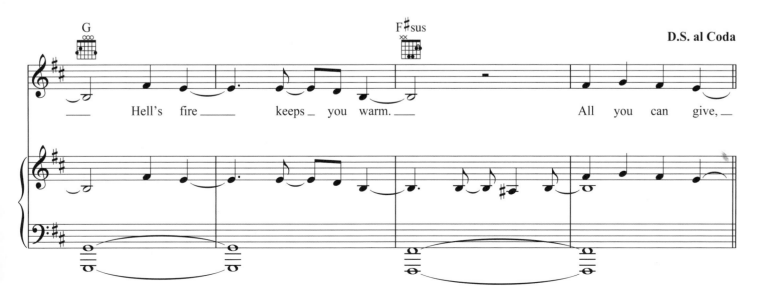

___ Hell's fire _____ keeps ___ you warm. ___ All you can give, ___

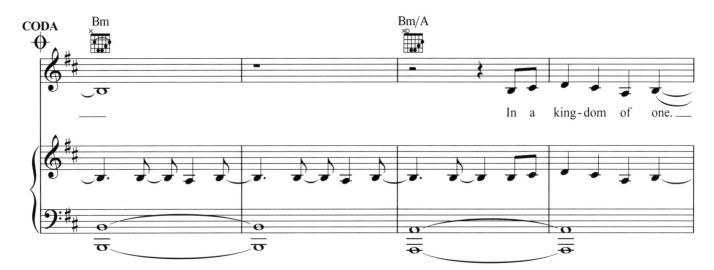

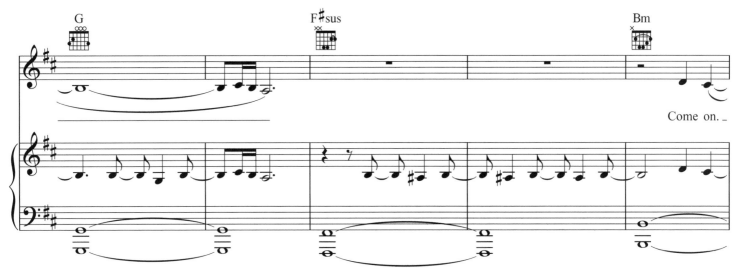

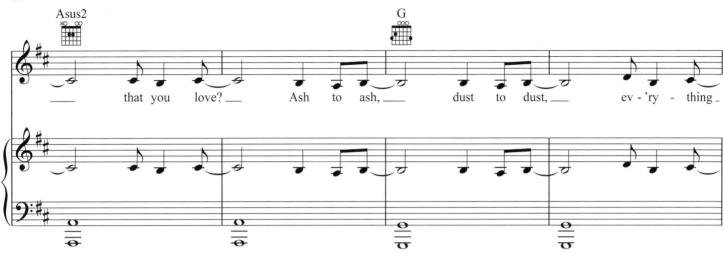

that you love? ___ Ash to ash, ___ dust to dust, ___ ev-'ry-thing ___

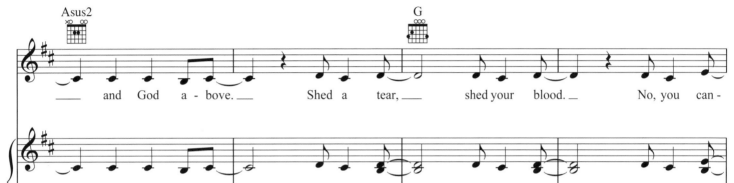

___ and God a-bove. ___ Shed a tear, ___ shed your blood. ___ No, you can-

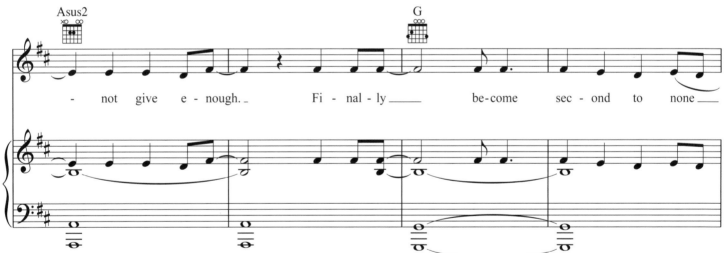

- not give e-nough. ___ Fi - nal-ly ___ be-come sec-ond to none ___

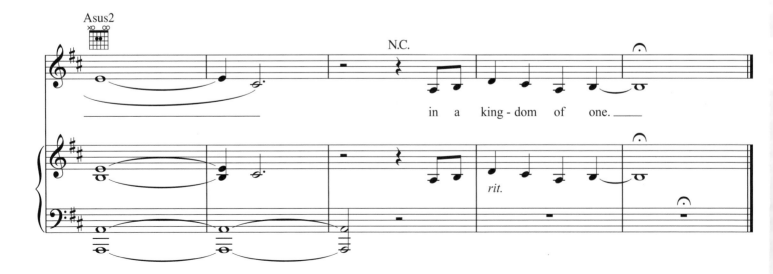

in a king-dom of one. ___

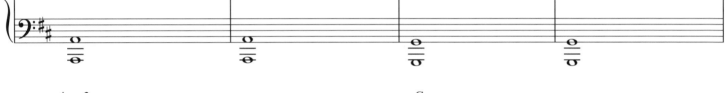